중학생을 위한
필기법

저자
하니쌤(박현수)

전직 초등학교 교사로서 교육 현장에서 노트 정리를 잘하고 싶은데 방법을 몰라 고민하는 아이들, 막막해서 노트 정리를 시작조차 하지 못하는 아이들을 많이 만났다. 아이들이 노트 정리를 어려워하는 이유를 고민하다가 노트 정리 방법을 배울 기회가 부족했음을 깨닫고, 그때부터 노트 정리 전략을 가르치기 시작했다. 현재 어린이 대상의 노트 정리법 지도와 함께 교사와 학부모 대상의 노트정리지도사 프로그램을 운영하고 있다. 그러던 중에 초등학생 때보다 학습 내용이 어렵고 그 양이 많아져서 힘들다는 중학생들의 이야기, 중학교 입학을 앞두고 공부가 막막하고 두렵다는 예비 중학생들의 이야기를 들었다. 이에 아이들이 노트 정리를 통해 자신의 배움을 잘 이어나갈 수 있도록 돕고 싶다는 마음으로 이 책을 집필했다.
저서로 『초등 1학년 학습 성장의 모든 것』, 『야무지게 읽고 쓰는 문해력 수업』, 『하니쌤의 주제 글쓰기』, 『하니쌤의 그림일기』, 『뚝딱! 세줄쓰기』가 있다.

중학생을 위한 필기법

초판 1쇄 발행 2025년 3월 28일
초판 2쇄 발행 2025년 5월 20일

저자 하니쌤(박현수)
발행인 박효상
편집장 김현   **기획 · 편집** 장경희, 오혜순, 이한경, 박지행
디자인 임정현   **마케팅** 이태호, 이전희   **관리** 김태옥
교정 · 교열 진행 고은희   **표지 · 내지 디자인** 김민정
종이 월드페이퍼   **인쇄 · 제본** 예림인쇄 · 바인딩

출판등록 제10-1835호   **발행처** 사람in
주소 04034 서울시 마포구 양화로 11길 14-10(서교동) 3F
전화 02) 338-3555(代)   **팩스** 02) 338-3545
E-mail saramin@netsgo.com   **Website** www.saramin.com

ISBN
979-11-7101-142-1 54370
979-11-7101-089-9 (set)

우아한 지적만보, 기민한 실사구시 사람in

중학생을 위한
필기법

하니쌤(박현수) 지음

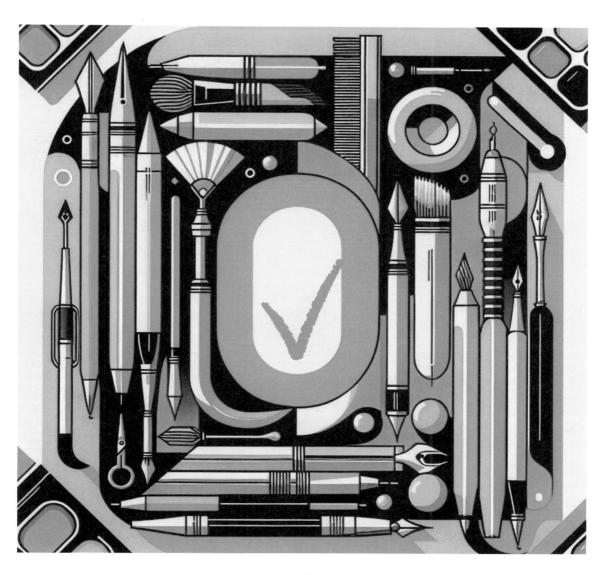

사람in

노트 필기 제대로 활용하자!

"선생님, 노트 필기를 어떻게 해야 할지 모르겠어요!" 어느 날 한 학생이 제게 이렇게 말했습니다. 그 말을 듣는 순간 저는 뒤통수를 맞은 것 같은 느낌을 받았지요. 아이들에게 노트 필기가 공부에 도움이 되니 해보라고 말했을 뿐, 정작 구체적인 방법은 알려 주지 않은 것 같아 미안한 마음도 들었습니다. 제대로 된 노트 필기가 학습에 얼마나 중요한지 잘 알기에, 저는 그 일을 계기로 최선을 다해 학생들에게 노트 정리 방법을 알려 주기 시작했답니다.

우리는 왜 노트 필기를 해야 할까요? 또 노트 필기는 왜 중요할까요? 우선 수업 시간에 배운 내용을 노트에 적으면 그것을 한 번 더 머릿속에 새기게 됩니다. 수업 후에 노트를 정리하면서 자연스럽게 복습하며 어려운 내용도 이해해 갈 수 있고요. 또한 나중에 시험공부를 할 때도 도움이 되고 더 나아가 자기주도학습까지 가능하게 해줍니다. 하지만 무조건 많이 적는다고 해서 노트 정리를 잘하고 있다고 볼 수는 없어요.

여러분은 공부할 때 노트를 어떻게 정리하나요? 선생님의 말을 그대로 옮기나요? 아니면 중요한 부분만 찾아서 정리하나요? 많은 학생이 노트 필기가 중요하다는 건 알지만 어떻게 시작해야 할지 어려워합니다. 노트 정리 방법을 모르면 어떤 문제를 겪게 될까요? 먼저 수업 시간에 공부한 내용을 이해하기 어려울 수 있습니다. 기껏 열심히 필기했는데 공부에는 도움이 되지 않는 거죠. 중요한 내용과 그렇지 않은 내용을 구분하지 않고 같은 방식으로 적었다가 복습할 때 헷갈릴 수도 있고요. 즉, 노트 정리 방법을 제대로 배우지 않으면 오히려 노트 필기가 학습에 방해가 됩니다.

이를 해결하려면 노트 필기의 목적을 명확히 하고 효과적인 필기 방법을 배워야 합니다. 노트 필기의 가장 큰 목적은 학습 내용을 효율적으로 정리하여 중요한 것을 효과적으로 이해하는 거예요. 특히 학년이 올라갈수록 수업 시간마다 학습 내용이 점점 많아지기 때문에 늦어도 중학교 때부터는 노트 정리 방법을 제대로 배워야 해요.

이 책은 효과적인 학습을 위한 노트 정리 방법을 소개합니다. 공부 내용을 요약하거나 구조화하여 알아보기 쉽게 정리하는 방법, 그리고 노트 필기에 활용할 수 있는 다양한 전략까지 알려 줄게요.

처음에는 이렇게 노트에 정리하는 게 어려울 수 있어요. 하지만 이 책에서 알려 주는 방법으로 나만의 필기 스타일을 만들면 공부에 큰 힘이 될 거예요. 저는 학창 시절부터 어른이 된 지금까지 공부할 때 노트 필기의 도움을 많이 받았습니다. 노트 필기를 잘하면 학습 효과가 높아집니다. 여러분도 이 책의 방법을 따라 노트 필기에 도전해 보세요.

차례

1장
노트 필기, 얼마나 알고 있니?

2장
노트 필기 기초 다지기

3장
구조화를 통한 노트 정리

4장
노트 정리 필승 전략

5장
교과별 노트 정리 비법

6장
자기주도학습과 노트 정리가 만나면

'노트 필기를 어떻게 하는 거지?', '이렇게 노트 필기 하는 게 맞나?' 수업을 하다 보면 이런 고민을 하는 학생을 만날 때가 있어요. 노트 필기를 잘하고 싶지만 막상 어떻게 시작해야 할지 몰라 난감해하는 경우도 종종 본답니다. 노트 정리 방법을 본격적으로 배우기에 앞서 노트 필기의 기초부터 차근차근 다져 보도록 해요!

1장

노트 필기,
얼마나 알고 있니?

노트 필기에 대한 착각

　노트 필기를 하다 보면 '많이 쓸수록 좋다'는 착각을 하기 쉬워요. 사회 시간에 조선 시대 문화를 배운다고 해보죠. 이때 수업 중에 나온 내용을 모두 노트에 적는다고 해서 노트 필기를 잘했다고 할 수 있을까요? 그렇지 않아요. 핵심 키워드와 복습에 필요한 내용을 중심으로 적어야 합니다. 다시 말해 많이 적는다고 해서 공부에 도움이 된다고 보기 어려워요.

　또 많은 학생이 '노트 필기가 공부에 도움이 된다면 예쁘게 꾸밀수록 더 좋지 않을까?' 하고 착각하기도 해요. 노트 필기가 공부에 도움이 되는 것은 분명한 사실이지만 노트를 예쁘게 꾸민다고 해서 학습 효과가 반드시 높아지지는 않아요. 당연히 노트를 예쁘게 꾸미면 공부에 흥미가 생길 수 있고, 나중에 복습할 때 기분이 좋아질 수는 있어요. 하지만 노트를 예쁘게 꾸미다 보면 시간이 오래 걸릴 수 있어요. 그림도 많이 그려 넣어야 하고 펜도 여러 색깔로 사용해야 하니까요.

　노트 정리에 필요 이상으로 시간을 쓰면 공부 시간을 뺏길 수 있어요. 그래도 노트를 예쁘게 꾸미고 싶다면 시간을 미리 정해 놓는 것을 추천해요. 하지만 잊지 마세요! 공부에 도움이 되는 방향으로 노트 정리를 하는 게 더 중요합니다.

수업 집중과 교과서 읽기가 먼저다!

노트 필기를 잘하려면 공부의 기본부터 갖춰야 해요. 다시 말해 수업 전에 교과서를 읽으며 예습하고 수업 시간에 선생님의 설명을 주의 깊게 듣는 것이 먼저입니다. 노트 필기는 복습할 때 해야 해요. 수업 시간에 배운 내용을 바탕으로 교과서를 꼼꼼히 읽으며 노트에 정리하면 됩니다.

중학생이 되면 수업 시간마다 배우는 내용이 확 늘어나고 어려워져요. 선생님의 설명을 귀 담아 듣지 않으면 많은 걸 놓칠 수 있죠. 수업을 잘 듣는 것도 습관을 쌓아 가야 해요. 수업 시간에 얼마나 집중하는지 나의 수업 태도를 점검해 보세요. 또 전날 예습을 통해 수업 시간에 배울 내용을 확인하고 선생님의 설명을 집중해서 들으려고 노력해야 합니다. 때에 따라 메모 도 해가면서요.

수업 중에 노트 필기를 하지 말라고 하는 이유는 노트에 적는 데 집중하다 수업 내용을 놓칠 수 있기 때문이에요. 수업 중에 선생님이 강조한 내용이나 추가 설명한 내용은 짧게 메모 하거나 표시해 놓기는 해야 하지만 수업 내용을 파악하는 것이 먼저입니다.

또한 교과서를 잘 읽는 게 중요합니다. 꼼꼼히 살피며 각 단원이나 주제의 핵심을 파악해야 하죠. 교과서는 수업 시간에 배우는 내용의 바탕이에요. 당연한 소리지만 중학교 교과서는 초등학교 교과서보다 훨씬 어려워요. 교과서만 읽어서는 이해하기 어려울 수 있으니 수업 시 간에 집중하고 유인물 등을 적절히 활용하여 복습해야 합니다. 이후 노트에 적어 가며 정리하 는 것이죠. 이에 대해서는 2장에서 자세히 설명하겠습니다.

노트 필기의 네 가지 핵심

읽기만 하는 공부와 읽기와 쓰기를 병행하는 공부는 차이가 커요. 공부할 때 교과서를 읽기만 하면 이해해서 내 것으로 만들지 못하고 그저 눈으로 훑는 것에 그칠 수 있어요. 그러면 내용을 오래 기억하기 어렵습니다. 특히 내용이 복잡하거나 분량이 많을수록 학습 효과가 떨어지죠. 반면에 교과서를 읽고 노트에 적어 가며 공부하면 이해하는 데 큰 힘이 됩니다. 특히 중요한 개념을 재구성하다 보면 더 잘 파악할 수 있어요.

예를 들어 한국사를 공부할 때 책을 읽으며 연도별 주요 사건을 파악하더라도 나중에 시간이 지나면 그 내용을 잘 기억하지 못할 수 있습니다. 하지만 노트에 연도별 주요 사건의 원인과 결과를 함께 정리하면 내용을 더 명확히 이해하고 오래 기억할 수 있어요.

그렇다고 해서 읽기만 하는 공부가 늘 나쁜 건 아닙니다. 많은 정보를 빠르게 익혀야 할 때는 읽어 내려가는 공부가 유용하죠. 하지만 쓰면서 하는 공부, 즉 노트 필기를 통한 공부가 이해하고 기억하는 데 효과적이기에 이를 잘 써먹을 줄 알아야 해요. 노트 필기를 잘하려면 다음 네 가지를 중심으로 정리해야 합니다.

핵심 키워드 정리하기

노트 필기를 할 때는 학습 내용 중에 핵심 키워드를 꼭 정리해야 합니다. 핵심 키워드란 시험에 나올 만한 개념, 사실, 원리 등을 의미하며, 이것들을 빠뜨린다면 아무리 깔끔하게 정리해도 학습 효과가 떨어집니다. 앞서 말했지만 노트 필기의 목적은 학습 내용을 효과적으로 기억하는 거예요. 따라서 핵심 키워드를 놓치면 소용없어요. 예를 들어 수업 시간에 '위치를 어떻게 표현하는지' 배웠다면 노트에 '위치를 표현하는 방법'이라는 핵심 키워드를 빼먹지 말고 적어야겠죠?

마찬가지로 수업 시간에 '다양한 지도'를 배웠다면 선생님이 강조하거나 교과서에 중요하다고 표시된 지도의 종류와 이름을 핵심 키워드로 꼼꼼하게 적어야 합니다. 예를 들어 수업 시간에 '일반도'와 '주제도'가 중요하다고 했다면 이 두 가지를 핵심 키워드로 잡고 특징을 각각 정리하면 됩니다.

핵심 키워드 정리하기 예시

② 간략하게 요약하기

교과서에 나온 문장을 그대로 적는 것은 제대로 된 노트 필기가 아니에요. 단순히 눈에 보이는 정보를 적는 것에 불과해서 내용을 이해하지 않아도 충분히 할 수 있거든요. 노트 필기는 따라 쓰기가 아닌 내용을 정리하며 요약하는 방식으로 진행해야 해요. 그래야 그 과정에서 배운 것을 더 잘 이해할 수 있답니다. 교과서에 '큰 규모의 위치를 나타낼 때에는 대륙과 해양을 활용하면 좋다'라고 나와 있다면 이 문장을 그대로 적는 게 아니라 '큰 규모의 위치 표현: 대륙, 해안 활용'과 같이 적는 거예요.

단원	I-2. 위치와 인간 생활
학습 문제	위치는 어떻게 표현할 수 있을까?

큰 규모의 위치 표현	◎ 큰 규모의 위치 표현
	- 대륙, 해안 활용
	   ↳ 대략적 위치○, 정확한 위치 파악 어려움
	- 위도, 경도로 표현
	   ↳ 좀 더 정확한 위치 파악 가능

작은 규모의 위치 표현	◎ 작은 규모의 위치 표현
	- 주소 이용
	   · 행정 구역 근거로 위치 나타냄
	   · 우리(나라) 도로명 주소 체계
	- 랜드마크 활용
	   · 그 지역의 대표적인 장소, 건물 등
	   · 사람들이 잘 아는 곳

간략하게 요약하기 예시

하니쌤, 궁금해요! **요약해서 적어 봐도 무슨 말인지 모르겠어요.**

교과서 내용을 요약해 노트에 적어도 무슨 뜻인지 도통 알 수 없다면 추가 학습이 필요한 상황일 수 있어요. 이런 경우에는 관련 강의나 책을 찾아보며 좀 더 공부한 다음 노트에 다시 요약해 보세요.

배운 내용이 어려워서 다른 책을 참고할 때는 서둘러서는 안 돼요. 중요한 부분을 천천히 읽으면서 무슨 뜻인지 되새기다 보면 이해하게 될 거예요. 문장이 너무 길면 의미 단위로 끊어 읽어도 좋아요. 구체적인 예시를 찾아보는 것도 도움이 됩니다.

이렇게 해도 이해하기 어렵다면 다른 자료를 찾아보거나 선생님께 물어보세요. 다른 사람의 설명을 들으면 머릿속에 더 잘 들어올 수 있어요. 그다음에 그 내용을 잘 이해했는지 노트에 요약하며 확인하면 좋겠죠?

또한 노트에 글로만 요약하려고 하다 보면 내용이 더 어렵게 느껴질 수 있어요. 이럴 때는 맵, 도표, 그림, 색깔 등 시각적 요소를 활용해 보세요. 그러면 복잡한 내용을 더 쉽게 파악할 수 있답니다. 이에 대해서는 뒤에서 자세히 설명할게요.

 ## 내가 이해한 대로 적어 보기

공부하다 보면 실제로는 잘 모르는데도 이해하고 있다고 착각하는 경우가 있어요. '알 것 같다'는 상태를 머릿속에서 '이해하고 있다'로 오해하는 거죠. 제대로 이해하지 않은 상태로 공부를 계속하면 학습 효과가 떨어져요. 공부한 내용을 충분히 이해한 것 같다면 노트에 정리해 보며 누군가에게 그것들을 설명할 수 있을지 고민해 보세요. 단순히 암기하는 것보다 이 방식이 공부에 더 도움이 될 겁니다.

먼저 개념 하나를 정하고 이를 어떻게 이해했는지 노트에 적어 보세요. 여기서 이해란 단순 암기가 아니라 새로 배운 내용의 의미를 파악하고 기존에 알고 있던 내용과 연결할 수 있는지를 뜻해요. 무엇을 써야 할지 막막하다면 교과서를 다시 펴고 공부하세요. 내용을 제대로 이해했다면 잘 설명할 수 있을 테니까요. 이해한 내용을 적은 후에는 정확하게 파악했는지 교과서와 비교해 보세요. 잘못 이해한 부분이 있다면 교과서로 돌아가 복습하면 됩니다.

학습 내용을 이해하면 교과서에 나온 대로 말하는 게 아니라 나만의 말로 풀어서 설명할 수 있어요. 다시 말해 배운 것을 잘 이해했는지 알아보고 싶다면 쉽게 풀어 설명할 수 있는지, 다른 예를 들 수 있는지, 관련 문제나 상황에 적용할 수 있는지 파악해야 합니다. 이를 신경 쓰지 않고 아무 생각 없이 노트에 적기만 하면 글씨 쓰기 연습으로 그칠 수 있어요!

이해했을 때의 행동	이해하지 못했을 때의 행동
• 학습 내용을 쉽게 풀어 설명할 수 있다. • 개념을 예로 들어 설명할 수 있다. • 공식 등을 교과서 내용 외에도 적용할 수 있다.	• 학습 내용을 단순히 암기하여 교과서 내용을 그대로 되풀이할 뿐, 실제 의미는 설명하지 못한다. • 개념을 예로 들어 설명하지 못한다. • 공식을 외워도 관련 문제에 적용하지 못한다.

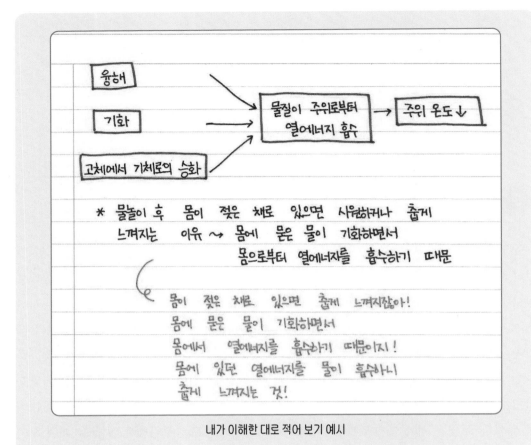

내가 이해한 대로 적어 보기 예시

내가 이해한 말로 정리하는 게 어려워요!

  노트에 교과서와 똑같은 문장이 아닌 내가 이해한 대로 적는다는 게 처음에는 어색하고 어려울 수 있어요. 이럴 때는 다음과 같은 방법을 활용해 보세요.

  첫째, 처음부터 완벽을 기하지 말고 간단한 것부터 천천히 시작해 보세요. 머릿속에 떠오르는 대로 간단히 적어 본 다음 나중에 수정해도 괜찮습니다.

  둘째, 개념을 비슷한 상황에 빗대어서 표현하거나 구체적인 예를 들어 보세요. 예를 들어 '기체는 입자 사이가 매우 멀어 자유롭게 움직일 수 있다'를 설명할 때 넓은 운동장에서 사람들이 자유롭게 뛰어다니는 것에 빗대는 겁니다. 공기를 구체적인 예로 들어 기체는 모양과 부피가 일정하지 않고 자유롭게 퍼져 나갈 수 있다는 점도 설명할 수 있죠.

셋째, 그림이나 도표, 맵 등을 활용해 다양하게 정리해 보세요. 예를 들어 고체에서 액체로 상태가 변할 때 입자 배열이 어떻게 달라지는지 그림으로 그려 보고 그 옆에 어떻게 이해했는지 적는 거예요.

넷째, 자기 자신에게 질문을 던지고 답변을 적어 보세요. 예를 들어 '융해가 무엇일까?' 하고 질문을 던진 다음 '융해는 물질이 고체 상태에서 액체 상태로 변하는 현상이야. 고체인 얼음이 녹는 것처럼 말이지'라고 답변을 작성하는 겁니다.

 ## 정확하게 정리하기

앞서 노트 필기를 할 때 교과서의 문장을 그대로 따라 쓰는 것보다 내가 이해한 말로 쓰는 것이 좋다고 했는데요. 이때 틀린 정보를 적지 않도록 주의해야 해요. 다시 말해 내가 이해한 말로 쓰되 정확한 정보를 담아야 합니다.

노트에 틀린 정보를 적으면 자칫하다 그 내용으로 쭉 공부할 수 있어 무척 위험해요. 이러한 일이 생기지 않도록 교과서나 믿을 만한 자료와 비교하여 노트에 정확한 정보를 적었는지 확인하는 과정을 거쳐야 합니다. 그리고 잘 이해되지 않거나 헷갈리는 부분은 교사나 전문가에게 물어보는 게 좋아요.

> ### 하니쌤, 궁금해요!　　**노트 필기를 틀리게 할까 봐 걱정돼요.**

누구나 실수를 할 수도 있어요. 중요한 것은 '살다 보면 실수할 수도 있음을 받아들이고, 실수했을 때 고치려고 노력하며, 노트 필기가 공부에 도움이 된다는 생각을 유지하는 것'입니다.

'살다 보면 실수할 수도 있지' 하고 인정하면 완벽해야 한다는 인식에서 벗어날 수 있어요. 그 덕분에 노트 필기를 더 편안한 마음으로 할 수 있죠. 여기서 더 나아가 '그래도 노트 필기는 공부에 도움이 돼!'라고 마음에 두고 있으면 노트에 틀린 정보를 적을까 두렵더라도 도전하게 되겠죠.

실수할 수도 있음을 인정하지 않으면 완벽하게 해내야 한다는 생각에 노트 필기가 부담스러워지고 아예 시작조차 하지 못할 수 있어요. 또한 노트에 잘못된 정보를 적었어도 실수하지 않았을 거란 생각에 확인하지 않아 바르게 고칠 기회를 놓칠 수 있습니다.

한편 실수를 저지를 수도 있음을 아는 것에서 더 나아가 실수했을 때 고치려고 노력하는 자세가 필요해요. '실수를 줄이려면 어떻게 해야 하지?' 하고 생각해 보는 것이죠. 노트 필기에서 실수를 줄이는 방법은 다음과 같습니다.

첫째, 실수를 발견하면 바로 고쳐야 해요. 노트 필기를 마친 후에 바로 다시 읽으면서 틀린 부분이 있는지 확인하는 것이죠. 둘째, 정기적으로 복습해야 해요. 노트를 자주 들여다보면 실수를 발견해 수정할 기회가 많아지죠. 셋째, 친구들과 함께 노트 스터디 그룹을 만들어 보세요. 서로의 노트를 비교하고 의견을 나누면서 눈에 들어오지 않던 실수를 발견할 수도 있어요.

노트 필기는 하루아침에 잘할 수 없어요. 이렇게도 해보고 저렇게도 해보며 나에게 맞는 방식을 찾아가야 하죠. 이를 위해 수업 시간 후나 공부한 후에 노트에 배운 내용을 정리하는 습관을 꾸준히 쌓아 보세요.

노트 필기 준비물

노트 필기 준비물로는 우선 노트와 필기도구가 있습니다. 노트는 용도에 맞는 크기와 종류를 고르세요. 글씨를 크게 쓴다면 줄 간격이 넓은 노트, 체계적으로 정리하고 싶다면 세로선이 있는 노트가 좋습니다(이 책에서는 주로 세로선이 있는 노트를 사용해요).

볼펜이나 연필 같은 필기도구는 각자 스타일에 맞게 준비하되, 다양한 색상의 펜과 형광펜을 함께 준비하면 좋습니다. 뒤에서 소개할 색깔 펜 전략을 활용할 수도 있고, 형광펜으로는 핵심 내용을 표시할 수 있거든요.

이 정도만 있어도 충분하지만 포스트잇과 자까지 준비하면 더욱 효과적이에요. 포스트잇은 나중에 기억나는 내용이나 필요한 내용을 추가 메모할 때 씁니다. 그리고 자가 있으면 도형과 표를 깔끔하게 그릴 수 있어요.

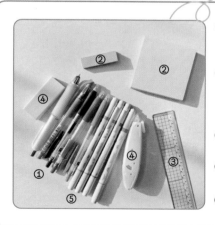

① 기본 필기도구(샤프, 볼펜-검정, 분홍, 파랑, 초록): 제 손에 가장 잘 맞는 것으로 선택했어요.

② 포스트잇: 추가 메모할 때 사용해요. 노트 필기 전에 교과서를 읽다가 궁금한 점이 생기면 포스트잇에 적어서 붙여 놓기도 한답니다.

③ 자: 깔끔한 노트 필기에 꼭 필요해요.

④ 지우개, 수정용 테이프: 잘못 적은 건 바로바로 고쳐야 해요.

⑤ 색깔 펜: 테두리를 그릴 때나 중요한 부분을 강조할 때 사용해요.

알아볼 수 있는 글씨로 쓰자

당연한 이야기이지만 노트 필기를 할 때 글씨를 알아보기 좋게 쓰는 것이 중요해요. 그렇다면 글씨를 개발새발 썼을 때 어떤 일이 일어날까요?

먼저 무얼 적었는지 모르겠어서 혼란스러울 수 있어요. 공부할 때 노트를 살펴보다가 글씨가 알아보기 힘들다고 넘어가면 핵심 키워드를 놓칠 수 있고, 반대로 무슨 내용인지 찾아보다가 시간을 허비할 수도 있죠. 결국 비효율적인 공부를 하게 되는 거예요.

또한 글씨를 알아보기 어렵게 쓰다 보면 노트 필기에 대한 자신감이 점점 줄어들 수 있어요. '이렇게 적는다고 해서 공부에 도움이 될까?' 하는 생각이 들 수 있거든요. 이 과정을 여러 번 겪으면 결국 노트 필기를 포기할 수도 있어요.

무엇보다 노트에 글씨를 알아보기 좋게 써야 하는 이유는 노트 필기의 목적이 학습 내용을 이해하는 것이기 때문이에요. 앞서 말했지만 노트 필기를 할 때는 교과서에 나온 대로 따라 쓰는 게 아니라 이해한 대로 재구성해야 해요. 급하게 적다 보니 글씨가 엉망이 되었다는 건 다시 말해 내용을 차분히 파악하지 않고 적기에 급급했다는 뜻이죠. 이러면 아무리 노트 필기를 열심히 하더라도 전혀 도움이 되지 않아요. 머릿속에서 내용을 이해하는 속도와 글씨를 쓰는 속도를 맞추다 보면 저절로 글씨를 차분하게 쓰게 됩니다.

노트 필기를 하며 공부하는 것도 의미 있지만 기왕이면 글씨를 또박또박 쓰면 좋겠죠? 글씨를 잘 쓰려면 꾸준히 연습해야 해요. 하루에 10분이라도 바르게 글씨 쓰는 연습을 하면 좋습니다. 너무 바빠서 시간을 내기 어렵다면 평소에 바른 글씨로 써버릇해야 해요. 즉, 노트 필기를 할 때만이라도 또박또박 적으려고 노력해 보세요.

또한 처음부터 거창한 목표를 세우면 힘들 수 있으니 작은 목표부터 시작해 보세요. 노트 필기를 할 때도 처음부터 끝까지 바른 글씨로 적으려고 하면 금방 지칠 수 있어요. 단원명, 학습 문제, 강조할 부분만이라도 먼저 바른 글씨로 적어 가면서 서서히 목표를 높이는 것이죠.

대체로 읽기 어려운 글씨는 흘려 쓴 것일 때가 많아요. 글씨를 흘려 쓰면 빠르게 적을 수는 있지만 글씨를 또박또박 쓰는 것과 점점 멀어질 수 있습니다. 따라서 반듯반듯한 정자체로 글자 쓰기를 연습하는 게 좋아요. 가로획과 세로획을 곧게 쓰면 글자를 더 쉽게 알아볼 수 있을 거예요.

여기에 꿀팁 하나를 덧붙이자면 나에게 맞는 필기구를 찾아보세요. 편안하게 쥘 수 있는 필기구나 종이에 적을 때 좋은 느낌이 드는 필기구가 어딘가에 있을 거예요. 나에게 잘 맞는 필기구를 사용하면 글씨를 좀 더 편하게 쓸 수 있습니다.

노트 필기는 주로 복습할 때 사용하기 좋은 학습 전략입니다. 수업 시간에 배운 내용을 잘 이해할 수 있게 도와주기 때문이에요. 하지만 노트 필기를 제대로 하려면 기초를 잘 다져야 해요. 다시 말해 전략적인 노트 필기 방법을 알아야 합니다. 이번 2장에서는 노트 필기를 잘 하기 위한 큰 틀을 잡아 볼 거예요. 교과서에서 노트에 정리할 부분을 찾고 주제에 맞게 구성하는 법까지 알아보도록 해요!

2장

노트 필기 기초 다지기

노트 필기는 복습할 때 하자

앞서 말했듯이 노트 필기는 수업 시간이 아닌 수업 후에 배운 내용을 복습하면서 해야 합니다. 수업 중에 노트 정리를 하다 보면 수업에 집중하기 어렵기 때문이에요. 아무리 수업에 집중하며 노트 정리를 했더라도 그걸 적는 동안 선생님의 중요한 설명을 놓칠 수 있어요. 따라서 수업 시간에는 선생님의 설명에 귀 기울이고, 노트 정리는 수업 후 복습 시간에 하는 것이 가장 좋습니다.

노트 필기는 공부를 잘하기 위한 도구이지, 공부보다 우선되어서는 안 돼요. 그렇다면 어떻게 노트 정리를 해야 공부할 때 잘 활용할 수 있을까요?

공부는 크게 예습, 본학습(학교 수업), 복습이라는 3단계로 구성됩니다. 먼저 예습을 통해 수업 시간에 배울 내용을 꼼꼼히 살펴봅니다. 특히 핵심 키워드를 파악해 두어야 해요. 핵심 키워드가 어려우면 수업 시간에 선생님의 설명을 더 잘 듣고 이해하려고 노력해야 합니다. 또한 이전 수업에서 배운 것들도 확인하면 좋아요. 새로운 개념을 배울 때 이전에 배운 개념을 한 번 더 짚고 넘어가는 경우도 많거든요. 예를 들어 수학 시간에 새로운 공식을 배울 때 이전에 배운 공식을 잘 알고 있어야 할 때가 있죠. 이처럼 예습할 때 이전 수업에 배운 것을 살펴보면 다음 날 수업 내용을 쉽게 따라갈 수 있답니다.

본학습, 즉 수업 시간에는 선생님의 설명을 경청하고 수업 중에 진행되는 모든 활동에 적극적으로 참여하면서 핵심 내용을 정확하게 파악해야 해요. 특히 선생님이 교과서에 나와 있지 않은 추가 내용이나 특정 부분을 여러 번 강조하며 설명할 때는 교과서나 유인물에 간단히 표시해 두면 좋습니다. 노트에 길게 필기하지 말고 중요한 내용을 강조해서 표시해 놓거나 핵심 내용을 짧고 간단하게 메모하는 것이 포인트예요. 그래야 수업의 흐름을 놓치지 않고 선생님의 설명에 집중할 수 있습니다.

수업을 마친 뒤에는 복습을 해야 해요. 교과서를 펼쳐서 수업 시간에 공부한 내용을 꼼꼼히 살펴보고 교과서에 표시하거나 추가로 적은 내용을 확인하는 것이죠. 그리고 이 시간에 노트 필기를 해야 합니다. 배운 내용 중에 중요한 것을 중심으로 노트에 정리하며 머릿속에 재구성하는 것이죠.

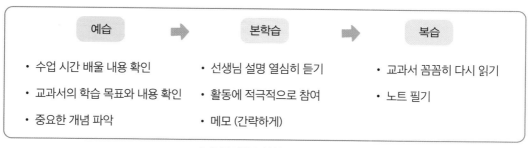

<노트 필기를 포함한 공부 과정>

하지만 복습할 때 노트 필기를 한다고 해도 그전에 앞서 해야 할 일들이 있어요. 노트 필기를 끝낸 후에도 해야 할 일이 있고요. 무엇인지 궁금한가요? 지금부터 노트 필기의 전체 과정을 설명할게요.

노트 필기 과정

 교과서 읽기

먼저 노트 필기 전에 교과서를 집중해서 읽어 수업 시간에 배운 내용을 파악해야 해요. 그 다음에 교과서에서 핵심 개념과 중요한 내용을 찾아 노트에 적는 것이죠.

그렇다면 복습할 때 교과서를 어떻게 읽어야 좋을까요? 먼저 단원명과 학습 목표(또는 학습 문제, 학습 주제)를 파악해야 해요. 교과서에 적힌 단원명과 학습 목표는 그 단원에서 무엇을 알고 넘어가야 하는지 알려 주는 단서와 같아요. 다시 말해 노트 필기는 수업 시간에 배운 것 중 무엇을 알아야 하는지 생각하면서 진행해야 해요.

이어서 중요한 내용을 파악해 가며 교과서를 읽습니다. 각 문단이 무엇을 의미하는지 파악하고 노트에 그것들을 어떻게 정리할지 생각해 보세요. 교과서에 이미 강조되어 있거나 수업 중에 선생님이 중요하다고 강조한 것도 주의 깊게 읽어 보면 좋습니다.

또한 그림이나 도표, 사진, 지도 등 다양한 시각 자료를 확인하면 학습에 더 도움이 돼요. 특히 사회 교과서나 과학 교과서에는 복잡한 개념을 쉽게 설명하기 위한 시각 자료가 풍부하게 수록되어 있는데요. 이를 통해 글만 읽었을 때는 '무슨 말이지?' 하고 어려웠던 내용을 쉽게 이해할 수 있지요. 또한 머릿속에 그 개념이 훨씬 명확하게 들어옵니다. 교과서에 필기하려는 내용과 관련된 시각 자료가 있다면 그 부분까지 꼼꼼히 살펴보고, 필요한 경우에는 노트에 간단히 옮겨 그려 보세요.

만약 교과서를 읽었을 때 내용을 이해하기 어렵다면 참고서를 살펴봐도 좋아요. 또한 교과

공부한 내용	〈암석을 이루는 광물〉
광물	◎ 광물 : 암석을 구성하는 작은 알갱이 　- 한 가지 광물로 이루어진 것도 有 　⊕ 대부분 여러 종류의 광물로 이루어짐 (예) 화강암 ~ 주로 '장석', '석영', '흑운모' 　　암석　　　　　　　　　　　　　　광물
조암 광물	◎ 조암광물 : 암석을 구성하는 주된 광물 (예) 장석, 석영, 휘석 등
광물의 특성	◎ 광물의 특성 : 광물) 종류에 따라 고유한 특성 有 → 서로 다른 광물 구별 ○ 　- 광물의 주요 특성 : 색, 조흔색, 굳기, 자성, 염산 반응 등

공부한 내용	〈암석을 이루는 광물〉
광물	◎ 광물 : 암석을 구성하는 작은 알갱이 　- 한 가지 광물로 이루어진 것도 有 　⊕ 대부분 여러 종류의 광물로 이루어짐 (예) 화강암 ~ 주로 '장석', '석영', '흑운모' 　　암석　　　　　　　　　　　　　　광물
조암 광물	◎ 조암광물 : 암석을 구성하는 주된 광물 (예) 장석, 석영, 휘석 등
광물의 특성	◎ 광물의 특성 : 광물) 종류에 따라 고유한 특성 有 → 서로 다른 광물 구별 ○ 　- 광물의 주요 특성 : 색, 조흔색, 굳기, 자성, 염산 반응 등

* '조흔색' 의미 ?

- 광물이 가지고 있는
　고유의 색

- 광물의 가루가
　나타내는 색

Review ☐☐☐☐☐

교과서 읽고 정리하기 예시

노트를 정리하면서 물음표로 궁금한 점을 표시한 다음, 이후 찾아내서 포스트잇에 메모했어요.

서 내용을 이해하지 못했더라도 노트 필기를 해도 됩니다. 애초에 노트 필기는 공부에 도움이 되라고 하는 거니까요. 학습 내용을 다 알아야만 노트 정리를 시작할 수 있는 게 아닙니다. 또한 노트 필기를 하다 보면 교과서를 단순히 읽었을 때는 어려웠던 내용을 점차 이해하게 될 수 있어요. 다시 말해 공부한 내용을 다시 떠올리고 요약하는 과정에서 무슨 뜻인지 깨달아 가는 겁니다.

그럼에도 노트 정리를 해도 어려운 부분이 남을 수 있어요. 이럴 때는 노트에 그 부분을 눈에 잘 띄게 표시해 두세요. 다른 색깔 펜으로 적거나 그 부분 앞에 물음표를 달거나 포스트잇을 붙여 두는 등 방법은 다양합니다. 이렇게 하면 잊지 않고 나중에 선생님께 그 내용을 물어보거나 쉽게 풀어낸 참고 도서를 찾아보게 됩니다.

 ## 노트 정리하기

노트 필기에서 가장 중요한 단계는 역시 노트 정리라고 할 수 있죠. 이때는 내 공부에 도움이 되는 방향으로 정리해야 합니다. 또한 비슷한 주제나 개념을 묶어서 정리하면 나중에 찾아보기 쉬워요.

사람마다 학습 성향이나 선호에 따라 노트 정리 스타일이 다를 수 있어요. 나만의 노트 정리 스타일을 찾아야 하지만 '내용이 눈에 잘 들어오면서 복습할 때 금방 찾아볼 수 있도록' 정리해야 한다는 규칙은 꼭 지켜야 해요. 뒤에서 이를 위한 노트 정리 전략을 자세히 소개하겠습니다.

 ## 노트 활용하기

노트 필기를 열심히 했다면 그 노트를 활용해 깊이 있게 공부해야 해요. 먼저 수업 시간에 배운 내용을 노트 필기를 통해 복습해 보세요. 적어 둔 것을 다시 읽으면서 핵심 개념이나 중요한 내용을 파악하는 거죠. 중요 내용을 중심으로 구조화하여 알아보기 쉽게 노트에 적었다면 복습에 많은 도움이 될 거예요. 시험공부를 할 때도 노트를 활용할 수 있고요. 구조화에 대해서는 이어서 자세히 설명할게요.

한편 문제를 풀 때도 노트를 참고하면 좋아요. 특히 어려운 수학 문제를 풀어야 할 때 수학 노트에 정리해 둔 관련 개념과 핵심 원리, 대표 문제 유형과 풀이 과정을 참고하면 큰 도움이 됩니다. 더 나아가 어려웠던 문제들을 노트에 적어 두면 비슷한 유형의 문제를 만났을 때 참고하면서 수학 공부를 수월하게 해나갈 수 있어요.

또한 궁금한 점이 생기면 바로 메모해 두었다가 나중에 참고 자료를 찾아 노트에 추가해 보세요. 수업 시간에 배운 내용 중 잘 기억나지 않거나 추가 설명이 필요한 부분도 노트에 적어 놓으면 나중에 복습할 때 매우 유용합니다. 이렇게 상황에 맞춰 노트를 만들어 가다 보면 가장 효과적인 맞춤형 학습이 가능합니다. 시간이 지날수록 노트 필기가 공부에 큰 도움이 된다는 걸 체감하고, 이러한 경험을 통해 노트 필기를 꾸준히 이어 나갈 힘이 생길 거예요.

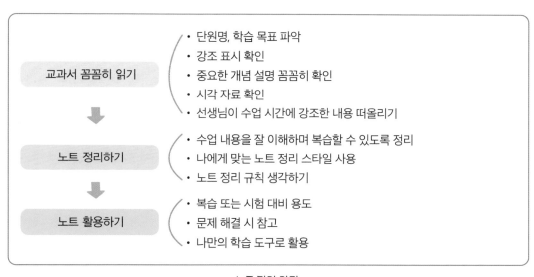

<노트 필기 과정>

대표적인 노트 정리 방법

노트 정리를 열심히 하고도 공부에 별 도움이 안 된다고 느끼는 학생들도 있어요. 이런 학생들의 노트를 보면 교과서에 나온 문장을 노트에 그대로 따라 쓴 경우가 많습니다. 앞서 말했듯이 이렇게 정리한 노트는 학습 효과가 떨어져요. 물론 따라 쓰는 게 아무것도 하지 않는 편보다는 낫습니다. 어쨌든 따라 쓰려면 교과서를 읽고 머릿속에 그 문장을 떠올리게 되니까요. 또 평소에 글을 대충 읽어서 놓치는 게 많다면 이런 활동이 도움이 될 수 있어요.

하지만 이 정도에 머물면 노트 정리의 장점을 충분히 얻을 수 없어요. 조금 더 노력해서 교과서의 문장을 노트에 그대로 옮기지 말고 이해하기 좋은 형태로 바꿔 보세요. 그럼 이를 위한 방법들을 소개하겠습니다.

 개요식으로 정리하기

노트 필기를 할 때 항목별로 순서를 매겨 개요식으로 정리해 보세요. 이렇게 체계적으로 정리하면 중요한 내용을 한눈에 파악하기 쉽습니다. 개요식으로 정리하는 방법은 다음과 같아요.

먼저 교과서를 읽으며 순서를 어떻게 정할지 생각해 보세요. 각 문단에서 무엇을 설명하는지, 수업 시간에 배운 주제와 관련된 하위 내용이 무엇인지 등을 파악하는 거예요. 수업 시간이나 복습할 때 교과서에 번호를 표시해 놓는 방법도 있어요. 이렇게 하면 노트에 항목별로 정리하기 쉽습니다.

예를 들어 수업 시간에 태양계 행성을 배웠다면 태양과 가까운 것부터 번호를 매긴 뒤 행성 이름과 특징을 요약할 수 있겠죠. 다시 말해 '1. 태양계 행성'이라고 쓴 다음 그 밑에 '1) 수성, 2) 금성, 3) 지구'와 같이 정리하는 겁니다. 그런데 수성부터 번호 모양이 왜 달라질까요? 태양계 행성에 수성이나 금성이 하위 항목으로 들어가기 때문이에요. 상위 항목과 하위 항목에 번호를 똑같은 모양으로 매기면, 즉 태양계 행성과 수성을 구분 없이 똑같은 형태로 적으면 내용이 한눈에 들어오지 않고 찾아보기도 어려워요.

그렇다면 각 행성의 특징은 어떻게 정리해야 할까요? 여기서도 상위 항목인 행성 이름과 번호 모양을 다르게 해야 해요. 행성의 특징이 행성 이름의 하위 항목이니까요. 행성 이름을 쓸 때 '1) 수성, 2) 금성, 3) 지구'와 같이 번호를 매겼다면 행성의 특징을 쓸 때는 '(1), (2), …' 와 같이 번호를 매기는 것이죠.

또한 상위 항목과 하위 항목을 구분할 때는 줄 나눔을 하고 하위 항목마다 한 칸씩 들여쓰기를 해보세요. 이렇게 하면 구조가 명확해져서 읽기 쉬워요. 지금까지 설명한 내용을 표로 정리하면 다음과 같아요. '좋은 예'를 참고하여 노트 필기 연습을 해보세요.

개요식으로 정리하기의 좋은 예	개요식으로 정리하기의 나쁜 예
1. 태양계 행성 　1) 수성 　　(1) 수성의 첫 번째 특징 　　(2) 수성의 두 번째 특징 　2) 금성 　　(1) 금성의 첫 번째 특징 　　(2) 금성의 두 번째 특징 　3) 지구 　　(…중략…)	1. 태양계 행성 2. 수성 3. 수성의 첫 번째 특징 4. 수성의 두 번째 특징 5. 금성 6. 금성의 첫 번째 특징 7. 금성의 두 번째 특징 8. 지구 　(…중략…)
상위 항목과 하위 항목이 명확하게 구분되어 알아보기 좋음	상위 항목과 하위 항목이 섞여 있어 구분하기 어려움

또한 개요식으로 정리할 때는 이어서 소개할 핵심 키워드를 중심으로 요약할 줄 알아야 합니다. 단순히 내용을 줄이는 게 아니라 가장 중요한 개념들을 중심으로 체계적으로 정리하는 방법이에요. 이렇게 정리하면 노트 필기를 할 때도, 나중에 복습할 때도 시간을 크게 절약할 수 있고 학습 효율이 높아져요. 또한 정리 방법에는 '구조화'도 있는데, 이에 대한 방법과 장점은 3장에서 자세히 설명하겠습니다.

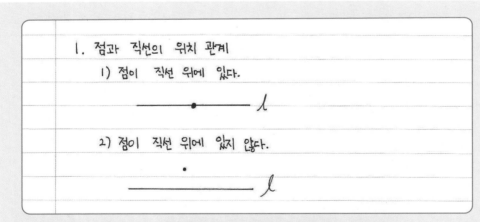

개요식으로 정리하기 예시 ① (국어 교과)

개요식으로 정리하기 예시 ② (수학 교과)

	1. 문화를 바라보는 다양한 태도
자문화 중심주의	1) 자문화 중심주의
	① 자신이 속한 사회 우수하다고 봄
	다른 사회 문화 부정적 평가
	② 자기 문화에 대한 자부심↑
	자기 집단 구성원 결속 강화
	③ 다른 문화 이해 어렵게 → 국제적인 고립 가져올 수도
	다른 문화 장점 받아들이지 X → 자기 문화 발전기회 놓침
	문화 제국주의 나타날 수도
	└ 다른 사회에 자신의 문화 강요
문화 사대주의	2) 문화 사대주의
	① 다른 사회의 문화 우수하다고 믿음
	자신의 문화 열등하게 여김
	② 다른 문화 장점 받아들임 → 자기 문화 발전 계기
	③ 자기 문화 주체성 잃을 수도
	고유문화 사라질 수 있음
문화 상대주의	3) 문화 상대주의
	① 문화의 상대성 인정
	한 사회를 그 사회가 처한 특수한 환경·사회적 맥락 속에서
	이해하려는 태도
	② 다른 사회 문화 편견 X
	문화의 다양성 보존
	③ 다른 문화에 대해 어떠한 판단도 하지 않는 것 X
	→ 보편적 가치·규범에 어긋나는 문화 ⎤⟹ 가치 인정 어려움
	사람들에게 고통 주는 관습·제도 ⎦

개요식으로 정리하기 예시 ③(사회 교과)

💬 ② 핵심 키워드 중심으로 정리하기

코넬 노트라고 들어 보았나요? 코넬 노트는 노트를 네 영역으로 나누어 필기하는 방법이에요. 맨 위에는 제목을 쓰고, 오른쪽에는 수업 내용을 필기해요. 왼쪽에는 수업이 끝난 후에 필기한 내용에서 핵심 키워드만 뽑아서 쓰고, 맨 아래에는 수업의 중요 내용을 요약해 정리합니다.

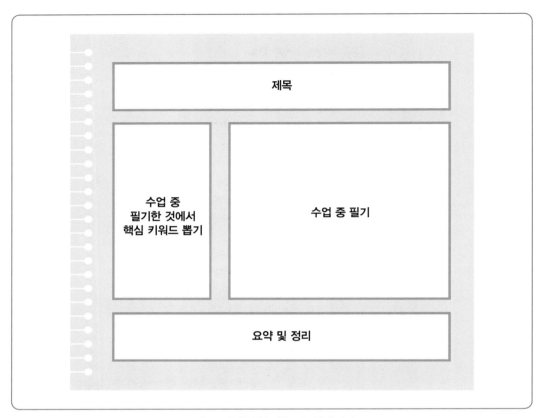

<코넬 노트를 활용한 기존 노트 필기 방법>

이와 같은 코넬 노트 방법을 살짝 재구성하여 노트 필기를 할 수도 있어요. 오른쪽을 수업 중에 필기하는 용도로 쓰지 말고 수업 후에 복습하며 핵심 키워드와 관련 내용을 자세히 정리하는 용도로 쓰는 거예요. 다시 말해 수업 시간에는 선생님의 말에 집중하며 교과서나 유인물, 메모지 등에 간략히 메모하고 나중에 핵심 키워드와 함께 더 자세히 노트에 정리하는 방법입니다.

먼저 노트 맨 위에 단원명이나 수업 주제를 명확하게 적습니다. 수업 내용이 무엇인지 알 수 있도록 일종의 제목을 작성하는 거예요. 이어서 왼쪽에 핵심 키워드나 질문을 적어요. 복습할 때 알아야 할 핵심 키워드나 이해가 필요한 부분을 질문으로 작성하는 것이죠. 이후 오른쪽에는 왼쪽에 쓴 핵심 키워드 또는 질문과 관련된 내용을 자세하게 정리합니다. 이때 수업 중에 들은 내용을 내가 이해한 대로 쓰고, 중요한 개념을 체계적이면서도 간략하게 정리하는 게 중요합니다. 마지막으로 맨 아래에는 배운 것을 요약하거나 핵심 키워드를 중심으로 자기

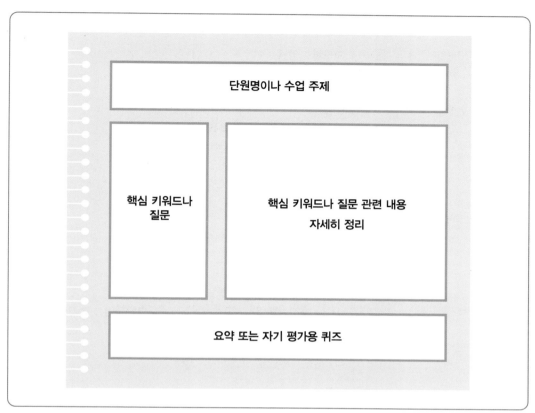

<코넬 노트를 활용한 핵심 키워드 중심의 노트 필기>

평가용 퀴즈를 써보세요. 이렇게 하면 나중에 복습할 때 내용을 빠르게 파악할 수 있답니다.

개요식 정리와 핵심 키워드 중심 정리는 얼핏 보면 비슷해 보이지만 초점을 둔 곳이 달라요. 개요식 정리가 공부한 내용을 계층에 따라 나열하는 것에 초점을 둔다면, 핵심 키워드 중심 정리는 핵심 개념을 파악하고 요약하는 데 초점을 둡니다. 이러한 특징을 생각하며 상황에 맞게 정리 방법을 선택하면 돼요.

더 나아가 이 두 가지 방법을 함께 활용할 수도 있습니다. 핵심 키워드로 큰 틀을 잡은 후 개요식으로 자세히 정리하거나, 개요식으로 큰 틀을 잡은 후 핵심 키워드 중심으로 정리하는 거예요. 노트 정리 방법은 딱 정해져 있지 않으니 상황에 맞게 유연하게 적용해 보세요.

단원명	2-1. 다양한 암석
주제	다양한 암석
화성암	◎ (화성암) - 마그마가 지표로 흘러나오거나 지하에서 식어서 굳어진 암석 ┌ 빨리 식으면 → (화산암)(알갱이 작음) └ 서서히 〃 → (심성암)(〃 큼)
퇴적암	◎ (퇴적암) - 퇴적물이 다져지고 굳어져서 만들어진 암석 ┌ 자갈 포함 → (역암) ├ 주로 모래 → (사암) ├ 진흙 → (이암) 또는 (셰일) └ 물에 녹아 있는 석회질 물질 or 산호, 조개껍데기 … → (석회암)
변성암	◎ (변성암) - 변성 작용으로 만들어진 암석 ↳ 암석이 지하 깊은 곳에서 높은 열과 압력 받음 → 성질 변함→ 다른 암석 (예) 사암 ──열·압력──→ 규암 (원래) (변성암) - '엽리'가 잘 나타남
〈 요약 〉	· (화성암)은 마그마가 지표로 흘러나오거나 지하에서 식어서 굳어진 암석이고, (퇴적암)은 퇴적물이 다져지고 굳어져서 만들어진 암석 이다. (변성암)은 변성 작용으로 만들어진 암석이다. ↳ (높은 열, 압력)

핵심 키워드 중심으로 정리하기 예시 (과학 교과)

 ## 마인드맵으로 정리하기

마인드맵은 주제와 관련된 아이디어들을 나무에서 가지가 뻗어 나가듯 적는 방법이에요.
종이 가운데에 주제를 적고 동그라미나 네모로 표시한 다음, 그 주제와 관련된 다양한 아이디어를 나뭇가지가 뻗어 나가는 모양으로 선을 이어 가며 적는 것이죠. 이렇게 적은 아이디어들을 다양하게 연결하여 새로운 관계를 만들어 낼 수도 있어요.

마인드맵은 창의적인 사고 발달에 도움이 됩니다. 주제에 대해 떠오르는 아이디어들을 자유롭게 적다 보면 생각이 자연스럽게 확장되지요. 또한 큰 주제와 그에 속하는 다양한 하위 개념들이 지도를 보듯 한눈에 들어옵니다. 다시 말해 각 개념들이 어떻게 연결되어 있는지 전체적인 그림을 쉽게 파악할 수 있어요. 그래서 특정 주제나 학습 단원의 전체 내용을 종합적으로 정리할 때 특히 좋습니다. 나중에 복습할 때도 핵심 내용을 빠르게 파악할 수 있지요.

마인드맵으로 노트 정리를 시작하기 전에는 마인드맵이 왜 필요한지 생각해 봐야 해요. 학습 목적이라면 나중에 복습하기 좋도록 핵심 키워드들을 한곳에 체계적으로 정리하는 것이 중요합니다. 반면에 창의적인 아이디어를 떠올리는 것이 목적이라면 자유롭게 가지를 이으며 마인드맵을 그려 나가는 게 좋지요.

수업 내용을 마인드맵으로 정리할 때는 대부분 학습 목적 때문이에요. 구체적인 예를 들어 볼까요?

우리나라의 자연 경관을 마인드맵으로 정리한다면 가운데에 '우리나라 자연 경관'이라는 중심 주제를 크게 쓰고, 거기서 '산지', '해안', '독특한 지형'이라는 주요 가지들을 뻗어 나갑니다. 그다음 구체적인 내용을 잔가지처럼 각각 이으면 돼요. 이렇게 하면 전체 내용을 한눈에 쉽게 파악할 수 있습니다.

국어 수업에서도 마인드맵을 활용할 수 있어요. 이야기의 핵심 요소인 인물, 사건, 배경 같은 것들을 가지로 하나씩 추가해 가며 마인드맵으로 정리하면 글의 구조를 확실히 알 수 있습니다.

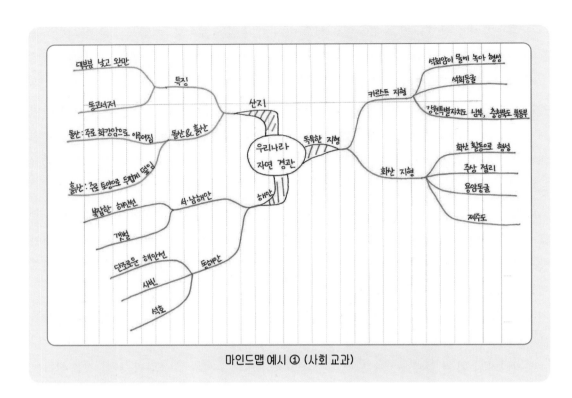

마인드맵 예시 ① (사회 교과)

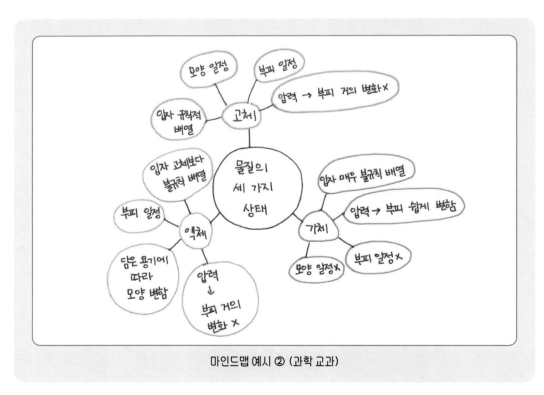

마인드맵 예시 ② (과학 교과)

구조화란 나중에 쉽게 찾고 이해하기 쉽도록 내용을 체계적으로 정리하는 노트 필기 방법이에요. 책이나 수업 내용을 그냥 적으면 힘만 들고 효과가 없어요. 하지만 구조화를 사용해 관련 내용끼리 연결하면 노트 정리도 쉽고 복습할 때도 편리하답니다. 구조화는 여러 가지 방법으로 할 수 있어요. 앞서 배운 마인드맵뿐만 아니라 도형과 선, 화살표를 활용할 수도 있죠. 이제 노트 정리에 쓸 수 있는 구조화 방법들을 하나씩 살펴볼까요?

3장

구조화를 통한 노트 정리

학습 내용에 따른 구조화 방법

 ① 큰 주제 안에 하위 내용이 이어질 때

　교과서를 읽다 보면 큰 주제 안에 여러 내용이 포함된 경우가 종종 있어요. 사회 시간에 배우는 선거의 기본 원칙을 예로 들어 볼게요. 사회 교과서에는 선거의 기본 원칙이라는 큰 주제 아래 보통 선거, 평등 선거, 직접 선거, 비밀 선거를 줄글로 설명합니다. 노트에는 다음과 같이 도형과 선을 사용해 구조화하여 정리할 수 있어요.

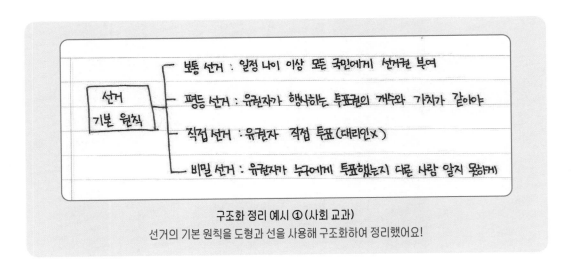

구조화 정리 예시 ①(사회 교과)
선거의 기본 원칙을 도형과 선을 사용해 구조화하여 정리했어요!

어때요? 내용을 쉽게 파악할 수 있죠? 이처럼 핵심 키워드를 중심으로 내용을 구조화하고 특징도 요약해서 추가하면 됩니다. 교과서의 줄글도 충분히 구조화해서 정리할 수 있어요.

예를 하나 더 들어볼게요. 국어 시간에 언어의 본질에 대해 배웠다고 해볼까요? 국어 교과서에 나온 내용과 선생님의 설명을 바탕으로 다음과 같이 구조화하여 요약할 수 있어요. 이 경우에도 내용이 한눈에 잘 들어오죠?

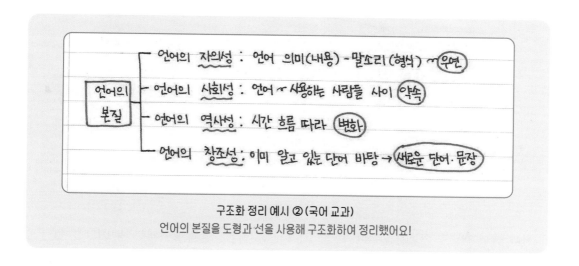

구조화 정리 예시 ②(국어 교과)
언어의 본질을 도형과 선을 사용해 구조화하여 정리했어요!

② 차례대로 파악해야 할 때

공부하다 보면 차례를 명확히 알아야 할 때가 있어요. 화석의 형성 과정이나 어느 이야기에서 사건이 일어난 순서같이 말이죠. 이런 경우에는 노트에도 차례가 잘 드러나도록 정리해야 해요.

노트에 차례를 정리할 때는 화살표를 이용하여 구조화하면 됩니다. A, B, C 순서대로 일어났다고 하면 A → B → C 이렇게 화살표를 이용해서 정리하면 되죠.

역사 시간에 신라의 삼국 통일 과정을 배웠다고 해볼까요? 먼저 교과서에서 신라의 삼국 통일 과정을 순서대로 설명한 것을 보고 '이 내용은 차례가 잘 나타나게 정리해야겠네!' 하고 알아채야 합니다. 그리고 다음과 같이 화살표를 사용해 차례가 잘 드러나게 노트에 정리하면 됩니다.

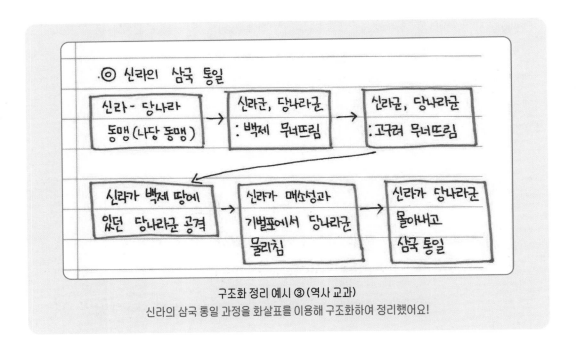

구조화 정리 예시 ③ (역사 교과)
신라의 삼국 통일 과정을 화살표를 이용해 구조화하여 정리했어요!

한편 핵심 개념을 차례대로 적은 다음 그 아래에 각각 설명을 요약하는 방법도 있어요. 국어 시간에 배우는 글쓰기 과정을 예로 들어 볼게요. 다음 예시와 같이 각 단계를 순서대로 적고 화살표로 연결한 다음, 단계마다 해야 할 일을 아래에 추가하면 됩니다.

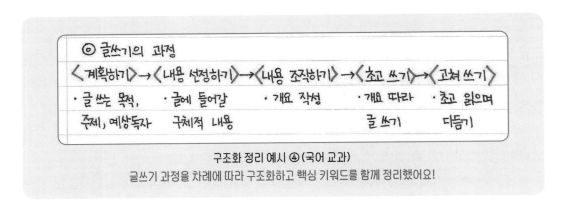

구조화 정리 예시 ④ (국어 교과)
글쓰기 과정을 차례에 따라 구조화하고 핵심 키워드를 함께 정리했어요!

원인과 결과를 파악해야 할 때

노트에 학습 내용을 정리할 때는 원인과 결과도 잘 드러내야 해요. 원인은 어떤 일이 일어나게 된 이유나 배경이고, 결과는 그 일이 일어난 후에 생기는 변화나 영향을 뜻합니다. 원인과 결과를 잘 파악해야 그 사건을 다양한 방면에서 쉽게 이해할 수 있어요.

예를 들어 저출산 현상과 고령화 현상에 대해 배웠다고 해보죠. 두 현상의 원인은 여러 가지예요. 우선 저출산 현상의 원인은 결혼과 출산을 결정하기 어려워하고 자녀 양육의 부담으로 아이를 적게 낳는 것을 예로 들 수 있어요. 반면 고령화 현상은 의료 기술 발달과 생활수준 향상으로 평균 수명이 높아진 것을 예로 들 수 있죠. 이 중에 저출산 현상의 원인을 다음과 같이 노트에 정리할 수 있어요.

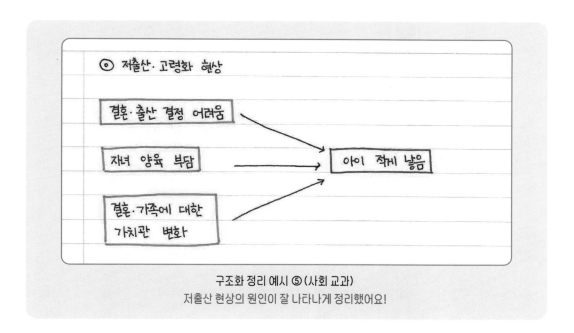

구조화 정리 예시 ⑤ (사회 교과)
저출산 현상의 원인이 잘 나타나게 정리했어요!

원인과 결과를 정리하고 그에 맞는 예시를 덧붙여도 좋습니다. 예를 들어 과학 시간에 '천체마다 중력의 크기가 다르며, 측정하는 위치에 따라 무게가 달라진다'라는 내용을 배웠다면, 이를 원인과 결과로 구조화한 다음 그 아래에 예시를 적는 거죠.

> [천체마다 중력 크기 다름] → [물체 무게 다르게 측정]
> 예) 달 : 중력 크기 지구의 $\frac{1}{6}$배 → 물체 무게 지구에서의 $\frac{1}{6}$배

구조화 정리 예시 ⑥ (과학 교과)
천체마다 물체의 무게가 다르게 측정되는 이유를 구조화하여 정리하고
아래에 그 결과로 어떤 일이 생기는지 덧붙였어요!

이 방법 말고 다른 방법도 사용할 수 있어요. 화살표 없이 적는 게 눈에 잘 들어오는 경우도 있거든요. 다시 말해 다음과 같은 방법으로도 어떤 현상의 원인을 정리할 수 있답니다.

> 물질의 상태에 따라 서로 다른 특징 가짐
> (why?) 각 상태에 따라 입자 배열 다름

구조화 정리 예시 ⑦ (과학 교과)
화살표 없이 현상의 원인을 구조화하여 정리했어요!

 ## 문제와 해결 방안을 살펴볼 때

문제와 해결 방안이 중요한 개념이라면 이것이 잘 드러나게 노트에 정리해야 해요. 그래야 나중에 복습할 때 문제의 원인과 해결 방안을 쉽게 떠올릴 수 있거든요. 먼저 수업 시간에 배운 내용을 복습하며 문제점이 무엇인지 살펴보고 해결책을 찾아서 적어 보세요. 도형이나 화살표를 사용하면 눈에 잘 띄게 구조화할 수 있어요.

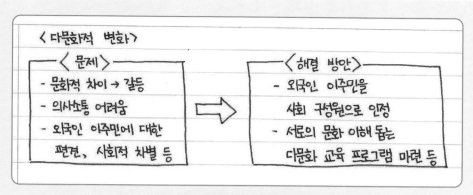

구조화 정리 예시 ⑧ (사회 교과)
문제와 해결 방안을 구조화하여 정리했어요!

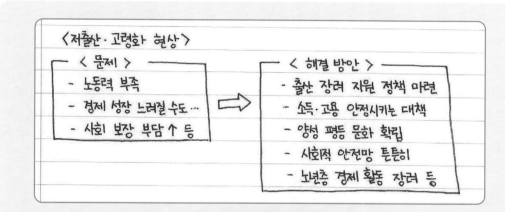

구조화 정리 예시 ⑨ (사회 교과)
문제와 해결 방안을 구조화하여 정리했어요!

여기서 배운 구조화 방법을 바탕으로 노트 필기를 시작하기 전에 나에게 어떤 방식이 도움이 될지 충분히 고민해 보세요. 여러 가지 방법을 시도해 보고 나만의 스타일을 찾는 것이 중요합니다. 실제로 구조화하여 노트를 정리해 보니 공부에 많은 도움이 되었다면 처음에는 시간이 걸리더라도 꾸준히 활용하는 습관을 들여 보세요.

싱킹맵을 활용한 구조화 방법

싱킹맵(Thinking Map)은 미국의 교육 연구자이자 작가인 데이비드 하이엘(David Hyerle)이 개발한 사고 훈련 기법이에요. 여덟 가지 맵으로 구성되어 있으며, 각각 다양한 학습 상황에서 활용할 수 있어요. 복잡한 개념도 한눈에 보기 쉽게 정리할 수 있어서 복습할 때뿐 아니라 새로운 아이디어를 떠올리거나 어려운 문제를 차근차근 해결하는 데도 큰 도움이 됩니다. 앞으로 소개할 내용을 참고하여 여러분이 배운 내용을 정리하기에 알맞은 싱킹맵을 골라 노트 필기에 도전해 보세요. 그렇다면 싱킹맵에는 어떤 것들이 있는지 알아볼까요?

1) 서클맵

서클맵(Circle Map)은 어떤 개념이나 주제를 '정의하고 설명할 때' 활용해요. 먼저 작은 중심 원을 그리고 바깥에 큰 원을 추가하세요. 그다음 가운데 동그라미에 핵심 주제나 개념을 적고, 바깥쪽 동그라미에는 그와 관련된 정보나 배경지식을 쓰면 됩니다. 예를 들어 '생활 속 다양한 지도'를 가운데 동그라미에 적었다면 바깥쪽 동그라미 안에는 '관광 안내도', '도로 교통 지도', '지하철 노선도', '약도' 등 관련된 내용을 적는 거예요. 또는 가운데 동그라미에 '원소'를 적고 바깥쪽 동그라미에 '염소', '수소', '탄소', '헬륨' 등 원소 종류를 적은 다음 원소의 뜻이나 각 원소의 특징을 선으로 그어 정리할 수도 있습니다.

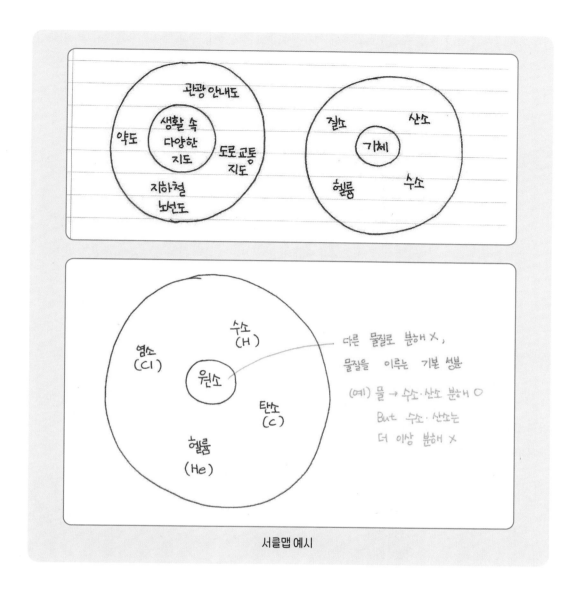

서클맵 예시

2) 버블맵

버블맵(Bubble Map)은 '묘사하여 설명할 때' 유용하게 활용할 수 있어요. 먼저 노트 가운데에 동그라미를 하나 그리고 그 안에 주제를 적습니다. 그다음에 필요한 만큼 주변에 동그라미들을 그리고 나서 주제에 관해 묘사할 내용을 써요. 이후 주제를 쓴 가운데 동그라미와 주변 동그라미들을 선으로 연결하면 됩니다.

버블맵은 이야기 속 등장인물들의 특징과 관계를 정리할 때 사용하기 좋아요. 예를 들어 수업 시간에 읽은 문학 지문에서 아버지라는 인물이 등장했다고 해볼까요? 이럴 때는 종이 한

가운데에 큰 동그라미를 그리고 그 안에 '아버지'라고 적은 뒤, 주변에 더 작은 동그라미들을 그려 '소방관인', '화재에서 목숨을 잃을 뻔했던', '화재로 동생을 잃었던'과 같이 그 인물의 특징을 묘사하는 말을 적어 넣습니다. 그리고 이 동그라미들을 중심의 '아버지' 동그라미와 선으로 연결하는 것이죠.

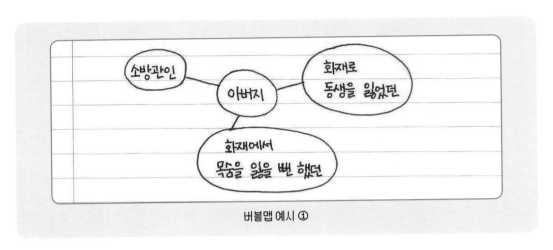

버블맵 예시 ①

이처럼 등장인물을 정리할 때뿐 아니라 수업 시간에 배우는 개념을 묘사하며 정리할 때도 버블맵을 사용할 수 있어요. 예를 들어 사회 시간에 '도시'를 배웠다면 '도시' 개념을 묘사하여 버블맵으로 정리할 수 있답니다.

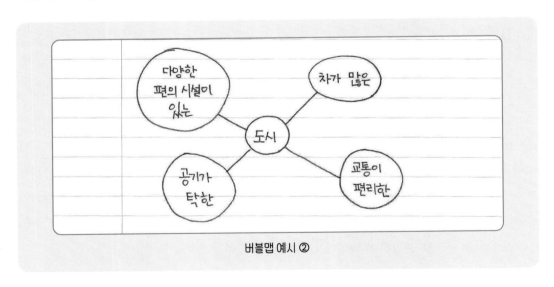

버블맵 예시 ②

3) 더블버블맵

더블버블맵(Double Bubble Map)은 두 대상을 비교하거나 대조할 때 사용하는 맵이에요. 먼저 동그라미 두 개를 떨어뜨려 그리고, 그 안에 주제를 각각 적어요. 그다음 두 동그라미 사이에 동그라미를 하나 그리고, 두 주제의 공통점을 적은 후 선으로 연결합니다. 공통점이 하나 더 있다면 같은 방식으로 동그라미를 아래에 추가하면 돼요. 이후 각 주제의 차이점은 주제 동그라미와 연결하여 바깥쪽에 적습니다. 예를 들어 주제가 '고양이'와 '개'라면 '털이 있음', '반려동물'을 공통점으로, '야옹', '멍멍'은 차이점으로 정리하여 그릴 수 있어요.

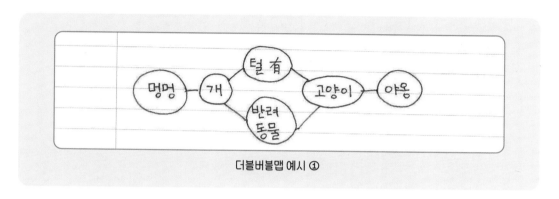

더블버블맵 예시 ①

다른 예를 하나 더 들어볼게요. 수업 시간에 '자문화중심주의'와 '문화사대주의'를 배웠다면 더블버블맵을 활용해 두 개념을 명확하게 정리할 수 있어요. '문화를 평가하는 절대적인 기준을 인정한다'는 내용을 공통점으로, '자문화중심주의'에만 해당하는 내용과 '문화사대주의'에만 해당하는 내용은 차이점으로 정리하여 그리면 됩니다.

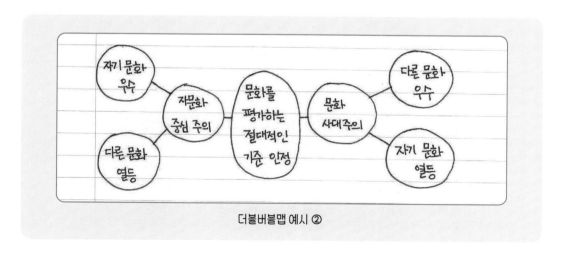

더블버블맵 예시 ②

4) 트리맵

트리맵(Tree Map)은 학습 내용을 일정한 기준에 따라 분류할 때 사용해요. 큰 주제를 맨 위에 쓰고, 그 아래에 하위 항목들을 나누어 정리합니다. 예를 들어 '교통수단'이라는 주제 아래 '육상', '해상', '항공'으로 나누어 각각의 예시를 적을 수 있어요.

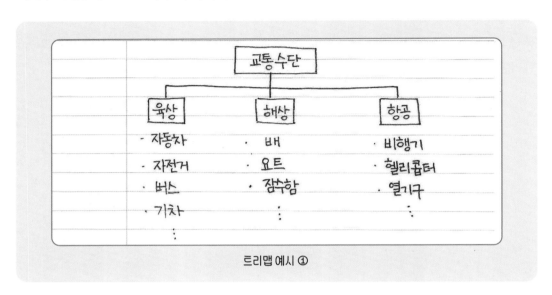

트리맵 예시 ①

'온대 지역' 개념을 트리맵으로 정리할 수도 있어요. 온대 지역을 '온대 계절풍 기후 지역', '서안 해양성 기후 지역', '지중해성 기후 지역'으로 구분하여 각각 해당하는 내용을 정리하는 거예요. 이렇게 하면 각 지역의 기후 특징을 쉽게 알 수 있답니다.

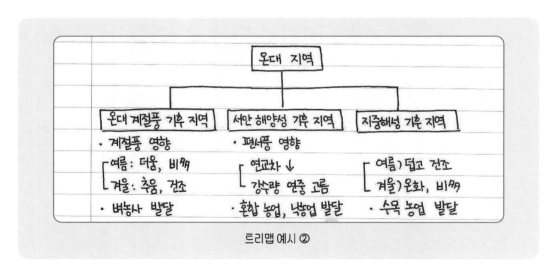

트리맵 예시 ②

5) 플로맵

플로맵(Flow Map)은 시간, 차례, 주기, 단계, 과정 등에 따라 내용을 정리할 때 사용해요. 먼저 네모 안에 가장 먼저 일어난 사건이나 첫 번째 단계를 적어요. 그 옆에 네모를 그린 다음 이어지는 사건이나 두 번째 단계를 적고 화살표로 연결합니다. 이때 네모 아래에 세부 단계나 관련 내용을 자세히 적어도 좋아요. 예를 들어 '강낭콩의 한살이'를 주제로 한다면 '씨 → 싹이 틈 → 잎, 줄기 자람 → 꽃이 핌 → 열매 맺음 → 새로운 씨'와 같이 순서에 따라 플로맵을 그릴 수 있어요.

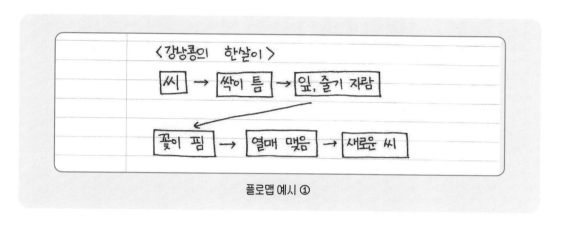

플로맵 예시 ①

과학 시간에 배우는 물체를 보는 원리도 과정을 중심으로 정리할 수 있어요. 우리가 물체를 볼 수 있는 건 광원에서 나온 빛이 사방으로 퍼져 나가고, 이 중 일부가 물체에 닿은 후 반사되어 눈에 들어오기 때문이에요. 이 과정을 플로맵으로 정리하면 다음 예시와 같아요. 과정이 잘 이해되지 않는다면 각 단계마다 예를 들어 보세요. 그러면 내용을 더 쉽게 이해할 수 있답니다.

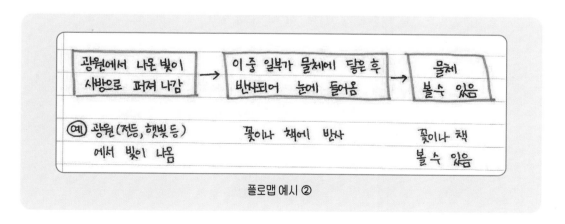

플로맵 예시 ②

6) 브레이스맵

브레이스맵(Brace Map)은 전체와 부분의 관계를 나타낼 때 사용해요. 왼쪽에 전체에 해당하는 주제를 쓰고 중괄호인 { 또는 대괄호인 [모양의 가지를 그린 다음, 거기에 전체를 구성하는 부분을 정리해 나가는 거예요. 예를 들어 전체에 '자전거'를 쓰고 { 가지를 그린 후에 '손잡이', '몸체', '안장', '바퀴' 등 자전거 요소를 정리할 수 있죠.

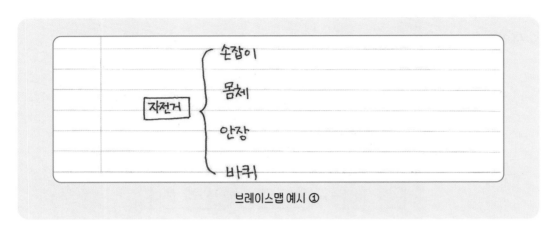

브레이스맵 예시 ①

이번에는 '지구계' 구성을 브레이스맵으로 정리해 볼까요? 지구계는 '지권', '외권', '생물권', '수권', '기권'으로 이루어져 있습니다. 이를 브레이스맵으로 정리한다면 왼쪽에 지구계를 쓰고 { 가지를 그린 뒤 오른쪽에 다섯 가지 권역을 쓰고 각각 설명을 덧붙이면 돼요.

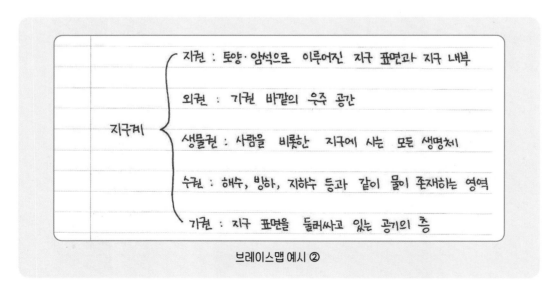

브레이스맵 예시 ②

7) 멀티플로맵

　멀티플로맵(Multi-Flow Map)은 어떤 사건의 원인과 결과를 정리할 때 사용해요. 이 맵을 사용하면 어떤 일의 배경과 영향을 쉽게 파악할 수 있죠. 먼저 가운데에 네모를 그리고 그 안에 주제나 사건을 적어요. 그다음 왼쪽에는 원인, 오른쪽에는 결과를 쓰면 됩니다. 여기에 원인에서 주제 쪽으로 오른쪽 화살표를 잇고, 또 주제에서 결과 쪽으로 오른쪽 화살표를 이으면 인과관계가 눈에 더 잘 들어옵니다. 예를 들어 '대기 오염'이 주제라면 왼쪽에는 대기 오염의 원인, 오른쪽에는 대기 오염으로 인한 결과를 쓰면 되죠. 물론 원인과 결과는 주제에 따라 여러 가지일 수 있어요.

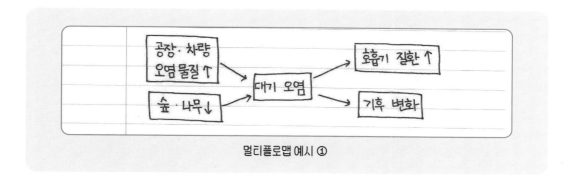

멀티플로맵 예시 ①

　이번에는 차별이 발생하는 원인과 이에 따른 결과를 멀티플로맵으로 정리해 볼게요. 먼저 가운데에 '차별 발생'을 썼어요. 이어서 왼쪽에는 왜 차별이 발생하는지 원인을 쓰고, '차별 발생' 쪽으로 화살표를 그려요. 그리고 '차별 발생'에서 오른쪽 방향으로 화살표를 그린 뒤 오른쪽에는 차별로 인한 결과를 적으면 됩니다.

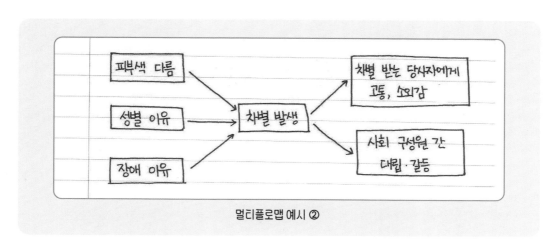

멀티플로맵 예시 ②

8) 브리지맵

브리지맵(Bridge Map)은 내용을 연상해 가며 정리할 때 사용해요. 먼저 중간중간 뾰족 튀어나온 다리 모양의 선을 그어요. 그다음 선을 이어서 특정 관계에 있는 두 단어를 위아래에 각각 적습니다. 이어서 두 단어와 같은 관계를 맺는 단어들을 오른쪽에 나열하면 됩니다. 단어 대신 위에는 주제, 아래에는 관련 내용을 정리하는 방식으로 활용해도 좋아요.

예를 들어 위에는 '교사', 아래에는 '가르친다'라고 썼다면 선을 이어서 오른쪽 위에는 '의사', 아래에는 '치료한다'라고 쓸 수 있습니다. 이 경우에는 위에는 직업을, 아래에는 그 직업이 주로 하는 일을 떠올리며 적어 나간 것이죠.

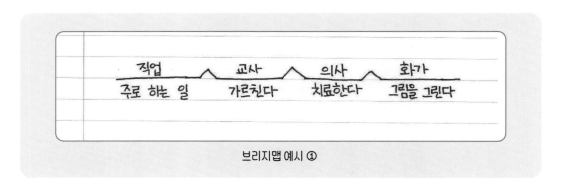

브리지맵 예시 ①

반의어를 공부한 뒤에 브리지맵에 정리할 수도 있어요. 뾰족하게 튀어나온 다리 모양의 선을 그린 뒤에 선 위쪽에는 특정한 낱말을 적고 그 아래에는 위에 쓴 낱말과 반대되는 의미를 가진 말을 적어 넣으면 됩니다. 이렇게 하면 반의어의 관계를 한눈에 파악할 수 있죠.

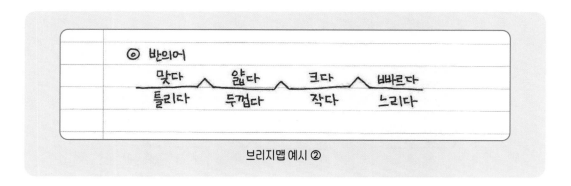

브리지맵 예시 ②

이처럼 싱킹맵은 어떤 내용을 적느냐에 따라 다양하게 구분돼요. 싱킹맵을 활용할 때는 앞서 소개한 여러 가지 방법을 잘 살펴보고 목적에 가장 잘 맞는 것을 골라야 해요. 또한 핵심이 되는 단어들을 중심으로 간결하고 명확하게 정리하는 것이 좋습니다. 무엇보다 싱킹맵으로 노트를 정리할 때 형식에 지나치게 얽매이면 안 돼요. 노트 필기는 나중에 복습할 때 쉽게 이해할 수 있는지가 중요하니까요. 따라서 때에 따라 싱킹맵의 형태를 유연하게 바꿔 가며 활용해도 괜찮습니다.

같은 수업을 듣고 같은 내용을 공부하더라도 학생마다 노트에 다르게 적습니다. 당연히 남들과 똑같은 방식으로 노트 필기를 할 필요는 없지만, 유독 눈에 잘 들어오는 노트들이 있어요. 왜 이런 차이가 생길까요? 실제로 노트 정리에는 학습에 시너지 효과를 내줄 세부 전략들이 숨어 있습니다. 이것들을 활용하면 앞서 배운 노트 필기 방식을 보완하면서도 학습 효과를 더 크게 얻을 수 있죠. 그럼 하나씩 살펴볼까요?

4장

노트 정리
필승 전략

앞서 소개한 방법들을 노트 필기에 직접 활용해 보았나요? 수업 내용을 얼마나 이해했느냐에 따라 같은 수업을 들어도 각자 다르게 필기합니다. 남들을 따라 할 필요 없이 나에게 맞춰서 노트 필기를 하면 돼요. 하지만 여기에 더해 눈에 잘 들어오도록 노트 필기를 하면 더욱 좋겠지요?

노트 정리에는 세부 전략들이 있어요. 예를 들어 글만 읽어서는 도통 이해하기 어려웠던 내용을 노트에 그림을 그려 넣어 필기한다면 더 깊이 오랫동안 기억할 수 있을 겁니다.

지윤과 지희라는 두 학생을 예로 들어 볼게요. 먼저 지윤이는 수업 후 노트 정리를 할 때 주제부터 상단에 크게 적었어요. 그리고 수업에서 선생님이 강조한 내용이나 새로 배운 개념, 중요한 날짜 등을 진하게 쓰거나 다른 색상의 펜으로 표시했죠. 복잡한 내용을 이해하기 쉽게 그림이나 표로 그려 넣어 정리하기도 했답니다. 마지막에는 자신이 얼마나 이해했는지 요약해 보고요.

반면 지희는 복잡한 내용을 그림이나 표를 활용하지 않고 글로만 적었어요. 중요한 부분도 딱히 강조하지 않았죠. 공부한 개념을 명확하게 이해했는지 확인하는 과정도 거치려고 하지 않았답니다. 그래서인지 지희는 노트 필기를 하고도 노트를 다시 펼쳐 보지 않았어요.

두 학생 중 누구의 노트가 공부에 도움이 더 될까요? 바로 지윤이의 노트입니다. 지윤이는 노트 정리 전략을 사용해 학습 내용이 눈에 잘 띄게끔 노트 필기를 했어요. 그 덕분에 복습할 때도 잘 활용했죠. 하지만 노트 정리 전략을 제대로 사용하지 않은 지희는 시간을 내서 노트에 필기해 놓고도 제대로 써먹지 못했습니다.

기왕 노트 정리를 한다면 지윤이처럼 제대로 해야 도움이 되겠죠? 여기서는 앞서 소개한 내용과 더불어 학습에 시너지 효과를 내줄 노트 정리 전략을 알아보겠습니다.

그림과 표를 활용하는 법

 그림으로 설명해 보자

노트 정리를 할 때 복잡한 개념이나 내용을 그림으로 간략하게 표현하면 더 쉽게 이해할 수 있어요. 문장으로만 설명을 길게 적을 때보다 정보의 흐름을 한눈에 파악하기에도 좋지요.

글자는 추상적인 기호라서 글자만으로는 개념을 기억하고 이해하는 데 시간이 오래 걸릴 수 있어요. 반면에 그림은 직관적으로 눈에 들어와서 공부한 내용을 비교적 쉽게 떠올리게 해 줍니다. 노트에 정리한 그림을 여러 번 살피며 머릿속에 저장하면 그 그림이 하나의 단서가 되어 관련된 내용을 떠올리는 데 도움을 줄 거예요.

노트에 그림을 그려 넣을 때는 관련 내용도 옆에 적어 보세요. 예를 들어 과학 시간에 세포 구조를 배웠다면 노트에 세포를 그려 넣고 각 부분의 이름과 기능을 함께 적어 두는 것이죠. 역사 시간에 배운 내용도 사건 순서와 함께 관련 지도나 그림을 그려 넣고 설명을 덧붙이면 좋습니다. 이렇게 그림과 설명을 함께 적어 두면 그림만으로는 알기 힘든 자세한 내용이나 용어의 뜻을 쉽게 이해할 수 있어요. 그림을 통해 주제의 큰 틀을 파악하고, 글을 통해 그 안의 구체적인 내용을 이해하는 것이죠. 따라서 이 두 가지를 적절히 활용해서 노트 정리를 해보세요.

노트 필기에서 그림을 활용할 때는 몇 가지 유의할 점이 있어요.

첫째, 목적에 맞게 그림을 활용해야 해요. 다시 말해 예쁘게 그리려고 하지 말고 공부에 도움이 되게끔 눈에 잘 들어오게 그리려고 해야 해요.

둘째, 그림을 간단하고 명확하게 그려야 해요. 포인트를 빠르게 알아볼 수 있도록 딱 필요한 것만 포함해서 그려 보세요. 복잡한 그림 대신 도형이나 선으로만 표현해도 좋아요. 다만 색상을 너무 많이 사용하면 오히려 혼란스러울 수 있으니 주의해야 한답니다.

셋째, 시간을 잘 활용해야 해요. 그림을 그리는 데 시간을 너무 쏟으면 공부에 도움이 되지 않아요. 노트에는 공부에 필요한 것만 그려 넣어야 해요.

마지막으로 교과서나 참고서의 그림을 참고해 정확하게 표현해야 합니다. 틀린 내용으로 그림을 그리지 않도록 주의하세요.

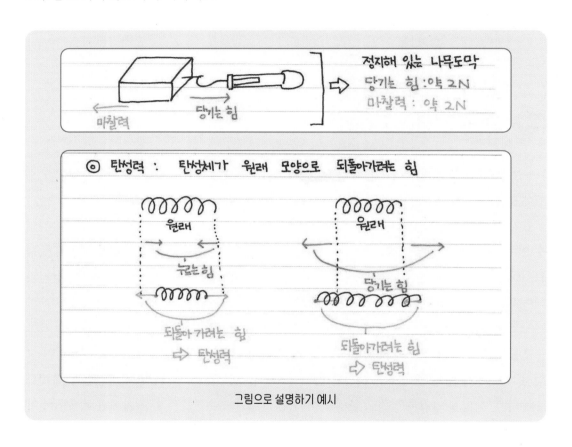

그림으로 설명하기 예시

하니쌤, 궁금해요!　　　**그림을 정말 못 그리는데 어떡하죠?**

노트에 그림을 완벽하게 그릴 필요는 없어요. 그림 실력보다 나중에 그 그림을 보고 내용을 이해할 수 있느냐가 더 중요합니다. 앞서 말했듯이 선과 도형만으로도 충분히 표현할 수 있어요. 교과서나 참고서에 나온 간단한 그림부터 따라 그리며 연습하는 것도 좋아요. 연습하다 보면 익숙해져서 나만의 스타일로 그릴 수 있을 거예요.

노트에 그림 그리는 게 여전히 부담스럽거나 공부에 도움이 안 되는 것 같다면 다른 방법을 써도 돼요. 다시 말해 맵이나 표로 내용을 정리해도 됩니다. 노트 필기를 할 때 그림을 꼭 활용해야 하는 건 아니랍니다.

그래도 그림을 못 그린다고 생각하지 말고 도전해 보면 좋겠어요. 노트에 그림을 그려 보면서 다시 한번 배우고 이해하는 과정이 중요하니까요. 복잡한 미술 작품을 그리는 게 아니니 연습하다 보면 충분히 잘 그릴 수 있을 거예요.

 표로 깔끔하게 정리하자

노트 정리를 할 때 표를 활용하면 복잡한 정보를 하나의 구조로 한눈에 비교해볼 수 있어요. 특히 헷갈리는 내용이 있다면 표로 정리하는 게 좋습니다. 비교하려는 개념 수에 맞춰 표를 그리고 각 개념의 정의와 특징, 예시 등을 요약하면 돼요. 이때 헷갈리는 부분이나 추가로 기억해야 할 내용을 표 옆에 메모해 두면 복습할 때도 도움이 됩니다.

표를 만들 때는 먼저 가로줄과 세로줄이 몇 개 필요한지 확인하고 선을 긋습니다. 그다음 각 칸에 들어갈 내용을 적으면 되죠. 예를 들어 사회 시간에 배운 '귀속 지위'와 '성취 지위'를 표에 정리해 비교하고 싶다면 먼저 두 개념에 맞춰 표를 그리고 각각 해당하는 정보를 채워 넣어야 합니다. 이때 '의미', '예'와 같은 기준을 설정하고, 핵심 키워드 중심으로 간결하게 정리하면 훨씬 이해하기 좋아요. 여기에 중요한 내용은 글자 색이나 크기를 다르게 하여 구분하면 훨씬 알아보기 쉽습니다.

	귀속 지위	성취 지위
의미	태어나면서부터 자연적으로 갖는 지위	개인의 능력이나 노력에 따라 얻게 되는 지위
예	딸, 아들, 남자, 여자 등	어머니, 아버지, 요리사 등

표로 정리하기 예시

빠르고 유용하게 필기하는 법

 줄임말과 기호 사용하기

줄임말이나 기호를 사용해 노트를 빠르게 정리해 보세요. 아무리 중요한 부분만 간추린다 해도 쓰다 보면 시간이 오래 걸릴 수 있거든요. 또한 줄임말이나 기호를 사용하면 복습 시 빠르게 내용을 파악할 수 있습니다.

먼저 줄임말은 다음과 같이 적용할 수 있어요. 예를 들어 수학 문제 풀이를 '수문'으로 '영어 독해 연습'을 '영독'으로 줄여 쓰는 겁니다. 한자나 영어를 사용하여 말을 줄일 수도 있어요. 예를 들어 '많다'를 '多'로, '적다'를 '少'로, '있다'를 '有'로, '없다'를 '無'로, '에너지'를 'E'로 쓰는 것이죠.

> ◎ 에너지의 형태
> - 전기E : 전기가 가지고 있는 E
> - 운동E : 운동하는 물체가 가지는 E
> - 위치E : 어떤 위치에 있는 물체가 가지는 E
> ※ 이외에도 다양한 E 有

줄임말이나 기호 사용하기 예시

기호에는 대표적으로 화살표가 있죠. 이동, 단계, 순서 등을 화살표로 간단히 표시할 수 있어요. 예를 들어 '물이 얼면 부피가 커진다'라는 문장을 '물 → 얼음: 부피↑'라고 노트에 정리하는 겁니다. 이렇게 하면 문장일 때보다 훨씬 눈에 잘 들어와요. 이외에도 '그리고' 대신 '&', '같다' 대신 '=', '참고 사항' 대신 '※', '그러므로' 대신 '∴', '추가 설명' 대신 '+'를 사용할 수 있어요.

노트 필기에 주로 사용하는 줄임말과 기호			
◎, -	◎ 정리할 내용 제목 - 관련 내용 [예] ◎ 퇴적암 - 퇴적물이 다져지고 굳어져서 　만들어진 암석 - 층리, 화석	+, ※	+ 추가 설명 ※ 참고 사항 [예] ◎ 작은 규모의 위치 표현 - 주소 　+ 현재 우리나라는 도로명 주소 체계 　　시행 중 - 랜드마크 활용 ※ 위치: 일정한 장소에 차지하고 있는 　자리
多, 少	多 많다 少 적다 [예] ◎ 도시와 촌락의 인구 - 도시 多, 촌락 少 (한자 대신 '도시↑, 촌락↓'과 같이 화살표로 표현하기도 해요.)	화살표 ←, →, ↑, ↓	→ 흐름, 결과 등 ← 이유, 원인, 부연 설명 등 ↑ 증가, 향상, 발전 등 ↓ 감소, 하락, 퇴보 등 [예] ◎ 산업화 - 농업 중심 사회 → 공업 중심 사회 - 산업화 　→ 대량 생산 가능, 생산력 & 　　생활수준 ↑ ◎ 저출산·고령화 현상의 문제점 - 생산 가능 인구 ↓ → 경제 성장 둔화 - 노인 부양 부담 ↑ - 각종 사회 문제 발생

줄임말이나 기호를 사용할 때는 주의할 점이 있어요. 줄임말이나 기호를 과하게 사용하면 나중에 노트를 봤을 때 무슨 의미인지 잊어버릴 수 있거든요. 따라서 노트를 다시 읽을 때 알아볼 수 있을 정도로만 줄이는 게 좋아요. 또 줄임말이나 기호는 일관성 있게 사용해야 해요. 같은 단어나 상황에서 서로 다른 줄임말이나 기호를 사용하면 오히려 헷갈릴 수 있습니다.

예를 들어 정리하기

노트 정리할 때 개념과 원리에 예시를 함께 적으면 좋아요. 예시를 통해 내용을 구체적으로 이해할 수 있고, 다른 문제를 풀 때나 다른 상황에서 배운 것을 적용할 수도 있거든요. 예를 들어 사회 시간에 배운 '일반도'와 '주제도'를 정리할 때, 일반도의 예시로 '세계 전도'와 '우리나라 전도'를, 주제도의 예시로 '기후도'와 '인구분포도'를 적는 것이죠. 그러면 두 개념의 차이점과 연관성을 쉽게 파악할 수 있어요.

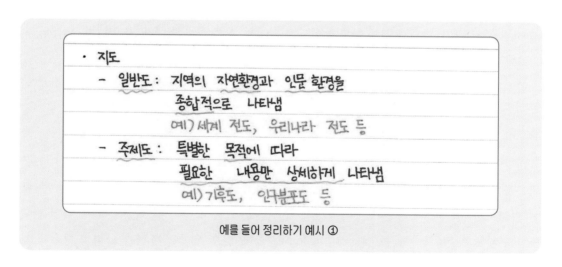

예를 들어 정리하기 예시 ①

과학 시간에 배운 원리가 실생활에 어떻게 나타나는지 그냥 외우는 것보다 실제 예시까지 적어 두면 머릿속에 더 잘 들어오겠죠? 다음과 같이 예를 들어 정리해 보세요.

◎ 에너지 전환
  : 에너지의 형태가 바뀌는 것
  (예) 전기 E → 열 E
     : 전기E가 다리미를 덥구는 것
     위치E → 운동E
     : 롤러코스터 (내려가기 시작하면 위치E↓, 운동E↑)

예를 들어 정리하기 예시 ②

빈칸 활용하기

노트에 필기할 때 빈칸을 활용하는 방법도 있어요. 핵심 단어나 개념이 들어갈 부분을 일부러 비워 두고 필기하는 것이죠. 예를 들어 우리나라의 경제 성장에 대해 정리할 때 '1970년대: 중화학 공업 성장'을 '1970년대: (   ) 성장'과 같이 비워 두는 겁니다.

암기해야 할 중요 개념들을 빈칸으로 남겨 두면 복습할 때 그 부분을 자연스레 채우게 돼요. 노트에 적어 둔 것을 읽기만 할 때와 빈칸을 채워 갈 때는 학습 효과가 다릅니다. 빈칸을 채우다 보면 그 개념의 의미를 한 번 더 생각하게 되어 내용을 확실히 이해할 수 있답니다.

다만 빈칸을 활용할 때 주의해야 할 점이 있어요. 빈칸을 너무 많이 만들거나 너무 어려운 내용을 빈칸으로 정하면 복습할 때 부담스러울 수 있답니다. 따라서 빈칸으로 표시할 만한 핵심 키워드가 몇 개인지 확인하고 나에게 맞게 빈칸을 만들어 가며 필기해야 해요. 핵심 키워드만 빈칸으로 정하는 게 중요합니다. 모든 내용을 빈칸으로 만들면 시간 낭비일 뿐이에요. 핵심에 집중해서 빈칸을 만들어야 학습 효과가 올라갑니다. 그리고 빈칸을 만드는 것보다 빈칸을 채우는 연습을 자주 하는 게 더 중요해요. 다시 말해 빈칸을 채우면서 내용을 잘 기억하고 있는지 확인해야 해요.

⑥ 우리나라의 경제 성장
  - 1960년대 : (   ) 집중적으로 발전
      ↳ 비교적 가벼운 물건을
        만드는 산업 (신발, 섬유 등)
  - 1970년대 : (   ) 중심 경제 발전
      ↳ 무거운 제품 (배, 자동차 등)
        or 플라스틱 제품, 고무 제품,
        화학 섬유 제품 등을 생산하는 산업
  - 1990년대 : 반도체 산업, 정보 통신 산업 발달
  - 2000년대 이후 : 첨단 산업, 서비스 산업 발달

빈칸 활용하기 예시 ①

또한 빈칸 없이 노트 정리를 하다가 마지막에 빈칸 채우기 퀴즈를 만드는 방법도 있어요. 이렇게 하면 노트 정리로 전체 내용을 한번 이해하고 나서 빈칸 채우기 퀴즈로 잘 파악했는지 다시 한번 확인할 수 있죠.

〈자기 평가〉	Q1. 1960년대에는 풍부한 노동력을 바탕으로 신발, 가발, 의류 등을 만드는 ( )을 중심으로 경제가 발전함
	A1. 경공업

〈한 문장 정리〉	생물은 생김새와 크기가 각기 다르지만 (세포)로 이루어져 있다.

빈칸 활용하기 예시 ②

④ 색깔 펜 사용하기

노트 필기를 할 때 색깔 펜을 적절히 사용하는 것도 좋은 전략이에요. 어떤 방법이 있는지 알아볼까요?

첫째, 항목별로 색깔을 구분하세요. 예를 들어 과학 개념을 정리할 때 기본 내용은 검정색, 관련된 예는 파란색, 어휘 설명은 분홍색으로 표시하는 겁니다. 이렇게 하면 항목별 정보가 잘 구분되어 학습 내용을 빠르게 파악할 수 있어요.

둘째, 중요도에 따라 색상을 구분하세요. 예를 들어 가장 중요한 정보는 빨간색, 중요도가 조금 떨어지는 정보는 파란색, 그리고 일반 정보는 검은색으로 쓰는 겁니다. 이렇게 하면 핵심 키워드가 더욱 강조되어 복습하는 데 도움이 돼요. 아니면 기본 필기는 검정색, 중요한 내용은 빨간색, 보충하는 내용은 파란색으로 정할 수도 있어요. 다시 말해 어떤 방식이든 나만의 규칙을 적용하면 됩니다. 다만 규칙을 세웠다면 일관성 있게 지켜야 해요. 예를 들어 빨간색을 가장 중요한 부분에만 쓴다고 했는데 파란색으로도 가장 중요한 부분을 표시하면 복습할 때 헷갈릴 수 있어요.

셋째, 중요한 부분을 다른 색상으로 강조해 보세요. 글이라면 형광펜으로 핵심 내용에 밑줄을 긋고, 그림이라면 필요한 부분에 색칠하는 겁니다. 이렇게 하면 중요한 내용을 쉽게 찾아볼 수 있어요. 예를 들어 과학 노트에 '대류 현상'을 정리할 때는 물이 아래에서 열을 받고 있는 모습을 그려 넣은 후에 더운물이 위로 올라가는 모습을 빨간색으로, 차가운 물이 아래로 내려오는 모습을 파란색으로 표시하는 거예요. 이렇게 온도에 따른 물의 움직임을 서로 다른 색상으로 구분하면 '대류 현상'을 훨씬 쉽게 이해할 수 있죠.

이렇게 색깔 펜을 적절히 활용하면 정보를 기억하고 구분하는 데 도움이 돼요. 그러나 앞서 말했듯이 노트에 색깔을 너무 많이 쓰면 혼란스러울 수 있어요. 따라서 기본색인 검정색을 포함하여 3~4가지만 정해 사용하는 것이 좋습니다. 또한 노트에 강조 표시를 너무 많이 하면 오히려 산만해질 수 있어요. 덜 중요한 내용까지 눈에 너무 띄어서 복잡해 보이는 것이죠. 따라서 노트에 적고 나서 꼭 암기해야 할 부분만 골라 색깔 펜으로 강조하는 게 좋아요.

정리하자면 색깔 펜 사용 기본 규칙을 정하되 필기하는 내용에 따라 융통성 있게 활용해 보세요. 이해를 돕는 도구로써 색깔 펜을 사용하려고 하는 태도가 중요합니다.

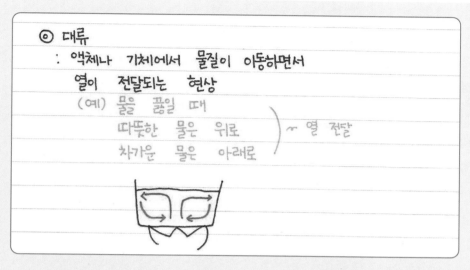

색깔 펜으로 정리하기 예시

색깔 펜으로 강조했다고 해서 한 번에 바로 기억할 수는 없어요. 제대로 암기하려면 반복해서 공부해야 합니다. 같은 내용을 반복해서 공부하면 뇌에 깊이 새겨져서 오래 기억할 수 있답니다. 그렇다면 어차피 여러 번 노트를 봐야 되는데 굳이 색깔 펜으로 강조해야 하나 싶을 수도 있어요. 색깔 펜으로 강조하면 복습할 때 중요한 내용을 빠르게 찾아서 집중적으로 공부할 수 있답니다. 그러니 귀찮다고 빼먹지 말고 이 방법을 꼭 한번 활용해 보세요.

공부를 확장하는 노트 정리

수업 시간에 배운 내용을 중심으로 기본적인 노트 정리를 마쳤다면 이를 확장하기 위한 노트 정리까지 도전해 보세요. 다시 말해 수업 시간에 다루지 않았지만 내용을 더 이해하기 위해 알아야 할 관련 내용, 그리고 그 부분을 공부하면서 든 생각 등을 적어 보는 거예요. 단원에서 공부한 내용을 노트에 전체적으로 정리해 볼 수도 있고요. 이렇게 하면 나만의 노트로 학습 내용을 깊이 있게 이해하며 공부를 확장해 나갈 수 있고 지식도 폭넓게 쌓을 수 있지요. 그렇다면 공부를 확장하는 노트 정리 방법을 하나씩 알아보도록 해요!

① 추가 메모

수업 시간에 배운 내용에서 더 확장된 내용을 정리하고 싶다면 메모를 덧붙여 보세요. 이때 기본 노트 정리에서 덧붙인 것임을 알 수 있도록 색깔 펜을 사용하거나 포스트잇과 같은 점착 메모지를 사용하면 좋습니다. 이렇게 하면 기본 노트 정리와 추가 메모를 구분할 수 있어 복습할 때 헷갈리지 않고 공부할 수 있어요. 그러면 어떤 내용을 메모로 덧붙이면 좋을지 알아볼까요?

1) 모르는 어휘

교과서에 나온 어휘들이 무슨 뜻인지 알아야 학습 효과가 올라갑니다. 따라서 모르는 어휘가 있다면 그냥 넘어가지 말고 사전에서 검색하여 뜻을 찾아내 같이 메모해 놓아야 해요. 예를 들어 과학 시간에 '위도에 따른 계절 차이'를 배우는데 위도나 태양의 고도가 무슨 뜻인지 모르면 수업 내용을 이해하기 어렵겠죠? 이럴 때는 모르는 어휘를 일단 표시해 놓았다가 나중에 노트에 정리할 때 그 뜻을 찾아 옆에 메모를 달아 두면 됩니다.

어휘의 뜻을 노트에 메모할 때는 이해할 수 있는 내용을 적어야 해요. 사전에 검색해서 나온 내용이 너무 어려워서 무슨 뜻인지 모를 때가 종종 있거든요. 그래서 어휘의 뜻을 사전에 나오는 대로 적는 것만으로는 충분하지 않을 수 있어요. 내용을 곱씹어 보면서 내가 이해할 수 있는 문장으로 쉽게 풀어내야 합니다.

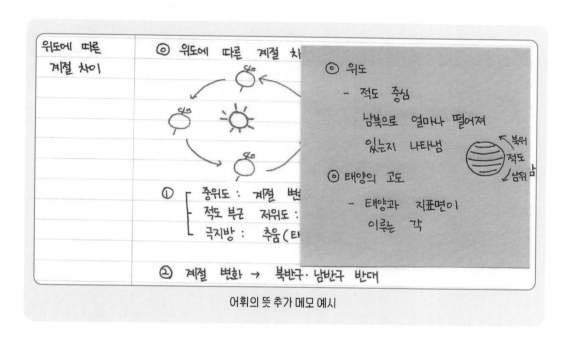

어휘의 뜻 추가 메모 예시

2) 관련된 내용

어느 개념을 노트에 정리했다면 그와 관련된 내용이나 전에 배운 내용 중 함께 알아 두면 좋을 내용도 메모로 추가해 보세요. 이렇게 하면 전에 공부한 내용과 새로 공부한 내용이 연결되어 머릿속에 잘 들어옵니다. 예를 들어 노트에 '중화학 공업'을 정리했다면 그 옆에 '경공업'도 메모로 달아 추가하는 거예요. 만약 과학 노트에 '지구의 공전'을 정리했다면 여기에 이전 시간에 배운 '지구의 자전'도 메모해 놓을 수 있겠죠.

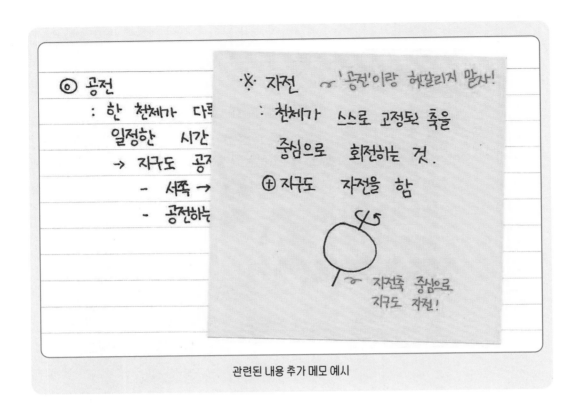

관련된 내용 추가 메모 예시

3) 헷갈리는 내용

공부하다 보면 헷갈리는 내용이 나올 때가 많아요. 이럴 때 추가 메모를 활용해 보세요. 그 내용이 왜 헷갈렸는지 자세한 설명을 적어도 좋고, 시험 전에 한 번 더 확인할 수 있게 간단히 표시해도 좋아요.

예를 들어 많은 학생이 수학 시간에 배우는 '유리수'를 자주 헷갈리곤 해요. 이럴 때는 유리수의 종류와 특징을 맵으로 구조화하여 정리하면 도움이 됩니다. 여기서 더 나아가 문제를 풀다가 헷갈렸거나 실수했던 내용들을 점착 메모지에 다시 한번 '체크'로 정리하여 붙여 놓으면 좋아요. 그러면 나중에 그걸 보고 '이 부분이 헷갈렸구나. 시험 전에 다시 한번 확인해야겠다!'라고 생각날 거예요.

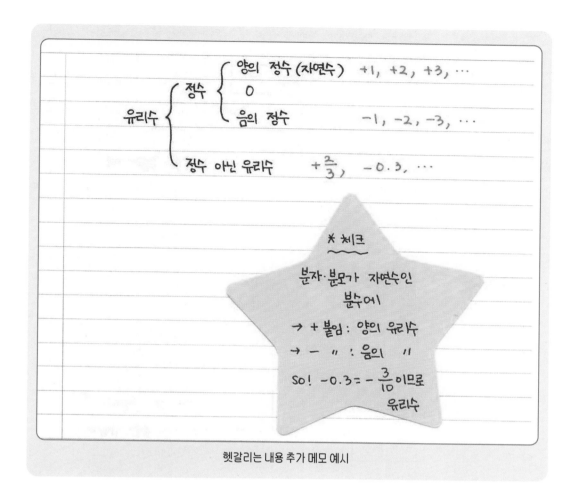

헷갈리는 내용 추가 메모 예시

4) 궁금한 점이나 공부하며 든 생각

노트 정리를 하다가 궁금한 점이 생겼다면 책이나 인터넷으로 내용을 찾아 메모를 덧붙여 보세요. 예를 들어 과학 노트에 지구의 자전과 공전을 정리하다가 '다른 행성들도 자전과 공전을 할까?', '지구의 자전 속도가 변하면 어떻게 될까?' 하고 궁금증이 생길 수 있어요. 그러면 이런 질문을 점착 메모지에 적은 다음, 공부를 마친 후에 찾아보는 것이죠. 이렇게 하면 풍부한 지식을 쌓는 데 도움이 됩니다.

공부하다가 떠오른 생각도 메모해 두면 좋아요. 교과서의 설명을 꼼꼼히 읽고 이해해 가는 중에 들었던 생각을 메모하는 거예요. 공부하다가 떠오르는 생각은 개념을 이해하려는 과정에서 나오기 때문에 소중하답니다. 이걸 적어 두면 자신의 관점과 연결되어 기억에 더 오래 남고, 깊이 있는 공부를 할 수 있어요.

예를 들어 '현대 사회 문제를 어떻게 해결해야 하는지' 노트에 적어 본다고 해보죠. 먼저 현대 사회 문제를 '개인적 차원', '제도적 차원', '국제적 차원'에서 해결해야 한다는 틀을 만들어 구조화하고 내용을 각각 정리합니다. 여기까지가 기본 노트 정리이죠. 그런데 정리하다 보니 '사회 문제를 해결하려면 개인이 노력하는 게 중요하다고만 생각했는데 제도적·국제적 차원의 노력도 중요하겠네!' 하는 생각이 들 수 있어요. 그러면 이런 생각을 점착 메모지에 적어서 붙여 놓는 겁니다. 이렇게 하면 나중에 이 부분을 복습하기 위해 노트를 펼쳤을 때 현대 사회 문제의 해결책을 더 잘 떠올릴 수 있어요. 단순히 암기하며 정리한 게 아니라 이것을 이해하기 위해 떠올린 생각까지 함께 메모해 두었으니까요.

공부하며 든 생각 추가 메모 예시

종합적 정리(주제별·단원별 정리)

한 수업이 끝날 때마다 노트 정리를 해도 되지만, 하나의 주제나 단원이 끝날 때마다 노트 정리를 할 수도 있어요. 이렇게 여러 수업에 걸쳐 배운 내용을 하루에 정리하면 개념들의 연관성과 전체적인 맥락을 더 잘 이해할 수 있답니다.

수업 단위 노트 정리(차시별 정리)	주제·단원 단위 노트 정리(종합적 정리)
• 매 수업마다 노트 작성 • 수업 시간에 배운 핵심 개념, 공식, 원리 등을 정리함 • 수업 직후 정리하므로 잘 기억나고 내용을 빠뜨릴 가능성이 적음 • 꾸준한 복습 가능 • 배우는 내용에 따라 정리할 분량이 다름	• 하나의 주제나 단원이 끝난 후 한 번에 정리 • 여러 수업에 걸쳐 배운 내용을 종합적으로 정리함 • 개념 간 연관성과 전체 맥락 파악에 도움이 됨 • 앞서 배운 내용은 잊어버릴 수 있음 • 한 수업마다 노트 정리할 때에 비해 간단하게 필기하게 됨

두 방법 모두 각각 장단점이 있어요. 따라서 학습 목적이나 배우는 내용에 따라 적절한 방법을 선택하는 게 좋아요. 두 방법을 상황에 맞게 함께 활용하면 더 좋은 결과를 얻을 수 있어요. 다시 말해 수업이 끝날 때마다 그날 배운 내용을 노트에 정리하고, 한 주제나 단원이 끝날 때는 전체 내용을 다시 한번 종합하여 정리하는 것이죠.

특히 하나의 주제나 단원을 종합적으로 정리할 때는 마인드맵이 유용할 거예요. 중심이 되는 단원이나 주제를 가운데 원에 적고, 거기서 배운 세부 내용을 가지처럼 연결하여 정리하는 것이죠. 예를 들어 '열대우림지역'을 '지역적 특징'과 '생활 모습'으로 크게 나누어 정리할 수 있어요. 이렇게 하면 노트 한 장에 많은 내용을 다루었지만 문장을 간략하게 줄이고 서로 다른 색깔로 구분했기 때문에 한눈에 잘 들어옵니다.

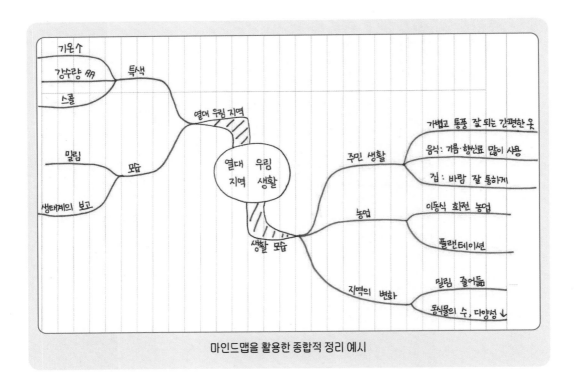

마인드맵을 활용한 종합적 정리 예시

지금까지 노트 정리에 사용할 수 있는 방법을 알아보았어요. 이제는 앞서 소개한 방법들을 국어, 수학, 사회, 과학 교과에 어떻게 활용하는지 자세히 설명하겠습니다. 먼저 교과마다 특징을 고려한 노트 정리 방법을 알려 줄게요. 이어서 '도전! 노트 정리' 코너에서는 그 과목에서 자주 사용하는 노트 정리 방법과 예시를 설명해 놓았습니다. 마지막으로 '하니쌤의 노트' 코너에 저의 실제 노트 필기를 실었어요. 수업 시간에 배운 내용을 정리할 때 여기에 나온 노트를 참고하여 연습해 보세요. 그리고 이를 바탕으로 나만의 노트 정리 전략을 만들어 가다 보면 네 과목 외에 다른 과목도 노트 정리를 잘할 수 있을 거예요.

5장

장

교과별
노트 정리 비법

국어 노트

 국어 노트 정리 비법

국어 노트를 작성하기 전에 교과서를 다시 읽어 보며 무엇을 배웠는지 떠올려 보세요. 교과서에 강조 표시해 놓은 것이나 수업 시간에 선생님이 강조한 내용을 바탕으로 노트에 어떻게 정리할지 계획을 세워야 해요. 국어 노트에 정리할 만한 것으로는 지문, 어휘, 문법 등이 있겠죠? 여기에 교과서에 자주 나오는 핵심 키워드도 선택해 보세요.

다른 교과와 달리 국어 교과서에는 지문이 참 많아요. 지문도 그저 읽고 넘기는 게 아니라 구조화해서 정리하면 좋습니다. 특히 어려운 지문일수록 노트에 정리해 보세요.

노트에 지문을 정리하기 전에 선생님이 수업 시간에 지문을 어떻게 분석했는지 떠올려 보세요. 여기에 나만의 방식을 더하면 어떤 지문이든 더 잘 이해할 수 있을 거예요. 예를 들어 소설 지문이라면 '인물, 사건, 배경' 또는 '발단-전개-절정-결말'과 같이 구조화하여 정리할 수 있어요. 소설 속 중요한 사건을 중심으로 흐름에 따라 작성할 수도 있고요.

비문학 지문은 문단의 중심 내용에 따라 구조화하여 정리할 수 있어요. 글의 특징에 따라 노트 정리를 다르게 해도 좋습니다. 예를 들어 설명문이라면 무엇을 설명하는지 생각하며 중요 정보를 중심으로 필기할 수 있죠. 반면 논설문이라면 글쓴이가 무엇을 주장하며 그 근거가 무엇인지를 중심으로 정리할 수 있답니다.

어휘는 국어 공부의 기본입니다. 어휘를 다양하게 알고 있을수록 독서와 국어 공부에 유리하죠. 수업 시간에 알게 된 어휘나 공부하면서 찾아낸 어휘를 노트에 적어 보세요. 만약 어휘

력이 약한 것 같다면 어휘 노트를 마련해 나만의 어휘 사전을 만들 수도 있어요. 어휘 노트에는 국어 시간에 배우는 어휘 말고도 다른 과목을 공부할 때나 독서 중에 어렵게 느껴졌던 어휘도 함께 적어 두면 도움이 됩니다.

또한 문법을 제대로 이해하지 않으면 복잡한 문장 구조를 해석하거나 문장을 올바르게 구성하는 데 어려움을 겪을 수 있어요. 그래서 국어 노트에는 문법 규칙과 그에 따른 예시를 함께 정리하면 좋습니다. 문법 노트를 따로 만들어 수업 시간에 배운 문법 내용, 국어 문법 문제집을 풀면서 공부한 내용을 체계적으로 정리하는 것도 좋은 방법이에요.

 ## 도전! 국어 노트 정리

자, 이제 국어 노트 정리를 본격적으로 시작해 볼까요? 여기서는 국어 노트를 크게 지문 독해, 어휘, 문법으로 나누어 소개하겠습니다. 하나씩 차근차근 따라 해보세요.

1) 지문 독해 정리 연습

국어 노트에 지문을 정리할 때는 다음과 같은 방법을 활용할 수 있어요.

> 1. 교과서, 참고서, 독해 문제집에 나온 지문을 분석해서 정리한다.
> 2. 지문 중에 어려운 부분이 있다면 그에 대한 생각을 간단히 적어 본다.
> 3. 지문을 파악하는 데 도움이 되는 것들도 노트에 적어 본다(어휘 뜻, 추가 메모 등).

교과서 지문은 수업 시간에 배우는 학습 목표를 이해하기 위해 읽는 글이기도 해요. 따라서 노트에 지문을 요약할 때는 수업 목표와 핵심 개념도 옆에 메모해 두면 좋습니다. 이렇게 하면 지문과 학습 내용이 머릿속에서 잘 연결될 거예요. 만약 교과서 지문이 쉬워서 굳이 노트에 자세히 정리하지 않아도 된다면 수업 시간에 배운 핵심 키워드를 중심으로 정리한 다음, 지문에 이것들이 어떤 식으로 나와 있는지 연결해 보세요.

단원명	③-1. 예측하며 읽기
학습 목표	독자의 배경지식, 읽기 맥락 등을 활용하여 글의 내용을 예측할 수 있다.
예측하며 읽기	〈찬수의 읽기 과정〉

○ <u>책 제목</u> ⇨ (예측) ~~ 을 다른 책
   인 것 같아.

○ <u>글 제목</u> ⇨ (예측) 글 제목을 보니
   ~~ 글인가 봐.

○ <u>차례</u> ⇨ (예측) 차례를 보니 우리가 잘 몰랐던
   ~~에 관한 다양한 이야기가
   나열되어 있을 것 같아.

○ <u>문단</u> ⇨ (예측) 첫 문단을 보니 글쓴이가
   ~~~ 을 이야기 할 것 같아.

○ <u>경험</u> ⇨ (예측) 나도 이 글에 나온 것 같은
   경험을 했는데 ~ 했어.

이 외에도
예전에 봤던 뉴스,
접속어, 문장 등을
통해 예측

   글쓴이는 이런 모습을 통해
   우리에게 깨달음을 전하려고
   했을 거야.
   ⋮

⇨ 글을 예측하며 읽을 때
   : 읽기 맥락, 배경지식 등 활용

지문 독해 정리 예시 ①
교과서의 지문을 모두 자세히 정리할 필요는 없어요.
이처럼 지문 중에 학습 목표와 관련하여 알아야 할 것들만 요약해도 돼요.

단원명	② 이야기를 간추려요
학습 문제	이야기 속 사건 흐름 살펴보기
「황금 사과」	* 사건 흐름 생각하며 「황금 사과」 읽기
	① 두 동네 한가운데에 있는 사과나무에 황금 사과 열렸음.
	두 동네 사람들이 황금 사과를 서로 가지겠다고
	땅바닥에 금을 그었음.
	② 두 동네 사람들은 담 높게 쌓았음.
	담 세운 까닭 잊고 미워하는 마음만 남음.
	③ 어느 날, 한 꼬마 아이가 엄마께 담 너머에 누가 사는지 물어봤음.
	엄마는 괴물이 사니 조심하라고 했음.
	④ 꼬마 아이가 공을 주우려고 담 쪽으로 갔다가 담에 있는 문을 열었음.
	그곳에는 아이들이 즐겁게 놀고 있었음.

지문 독해 정리 예시 ②
소설 지문은 사건의 흐름에 따라 이같이 요약할 수 있어요.

단원명	④ 주장과 근거를 파악해요
학습 문제	논설문의 특성을 생각하며 글 읽기
	* 「우리 전통 음식의 우수성」 읽기
서론	① 우리 전통 음식을 사랑하자.
본론	② 우리 전통 음식은 건강에 이롭다.
	③ 우리 전통 음식을 가까이 하면 계절과 지역에 따라 다양한 맛을 즐길 수 있다.
	④ 우리 전통 음식에서 우리 조상의 슬기와 문화를 경험할 수 있다.
결론	⑤ 우리 전통 음식의 과학성·우수성 알고 우리 전통 음식에 관심을 가지고 우리 전통 음식을 사랑하자.

지문 독해 정리 예시 ③
논설문은 문단별로 이같이 요약할 수 있어요.

2) 어휘와 문법 정리 연습

국어 공부는 어휘력과 표현력을 키우는 데도 도움이 돼요. 아는 어휘가 많아질수록 글을 쉽게 파악하고, 글쓰기를 할 때도 내 생각을 더욱 잘 표현하게 됩니다. 따라서 국어 시간에 배운 어휘를 노트에 정리하는 습관을 들이는 게 좋아요. 앞서 간단히 소개했지만 다음과 같은 순서로 노트에 어휘를 정리해 보세요.

---

1. 교과서, 참고서, 독해 문제집에 나온 지문에서 어려운 어휘에 표시한다.
2. 왼쪽에 어휘를 적고, 오른쪽에 뜻을 적는다.
3. 뜻 아래에 예문을 적거나 그 어휘를 넣어 문장을 직접 만들어 본다.
4. 문장을 읽으며 뜻이 잘 파악되는지 확인한다.

교과서나 참고서에 나온 예문을 그대로 적어도 좋지만 그 어휘를 활용해서 직접 문장을 만들어 보면 그 어휘가 어떤 상황에서 쓰이는지 더 잘 이해할 수 있어요. 또 실제로 적절한 상황에서 말과 글에 그 어휘를 사용할 수 있답니다.

	〈 어휘 정리 〉
편성되다	예산·조직 등이 짜여 이루어지다. 예) 친구와 한 반으로 편성되었다.
선연히	실제로 보는 것 같이 생생하게 예) 지금도 그 느낌이 선연히 떠오른다.
냉혹하다	차갑고 몹시 모질고 악하다. 예) 현실은 냉혹했다.

어휘 정리 예시

다음으로 국어 노트에 문법을 어떻게 정리하면 좋을지 알아볼까요? 많은 학생이 국어 문법을 어려워하는데요. 수업 시간에 문법을 배운 후에는 문법의 주요 개념들을 노트에 적어 보세요. 예를 들어 문장 성분 중 주성분을 정리할 때 '주어', '서술어', '목적어', '보어'의 뜻과 예문을 함께 적으면 좋습니다. 예문이 있으면 각 문장 성분이 실제로 어떻게 쓰이는지 쉽게 이해할 수 있죠. 또한 틀렸거나 헷갈렸던 문법 문제들을 노트에 함께 적어 두면 복습할 때 많은 도움이 됩니다.

문장 성분 - 주성분	〈국어 문장 성분 - 주성분〉
주어	◎ (주어) : 문장에서 주체를 나타내는 성분
서술어	◎ (서술어) : 문장의 주체 서술
	(주어의 움직임, 상태, 성질 등 풀이)
	(예) 고양이가 뛰어간다.
	주어 　 서술어
목적어	◎ (목적어) : 동작의 대상이 되는 말
	(예) 나는 사과를 샀다.
	목적어
보어	◎ (보어) : 주어와 서술어만으로 뜻이 완전 ✕
	⇨ 뜻을 보충해 주는 말
	✕ '되다/아니다' 앞에서 뜻 보충
	(예) 그는 회장이 아니다.
	보어 　 형태만 보면 주어와 헷갈릴 수 있음.
	주의!

문법 정리 예시

3 하니쌤의 국어 노트

　제가 직접 필기한 국어 노트를 보며 앞서 배운 내용들을 어떻게 활용할 수 있을지 아이디어를 얻어 보세요!

단원명 학습 문제	③ 능동적인 언어 생활 - 1) 예측하며 읽기 독자의 배경지식, 읽기 맥락 등을 활용하여 글 내용 예측하기 ＊ 예측하며 글 읽는 방법 알기 ⊕ 글 내용 예측하며 읽기 ［ 〈글 읽을 때〉 배경지식, 읽기 맥락 등 활용 ~ 내용 예측 ］ → ［ 글 구조, 내용, 글쓴이 의도 등 파악 ］
예측하며 읽기	◎ 예측하며 읽기 　- 책 제목·차례 통한 예측 　　ex) 차례 보고 「동물들과 관련하여 우리가 잘 몰랐던 다양한 　　　　이야기가 나열되어 있을 것 같다」 예측 　- 글에 쓰인 단어, 문단, 글의 구조 등을 통해 예측 　　ex) 이 문단의 마지막 문장 보고 「이 글을 쓴 글쓴이 　　　　의도」 예측 　- 배경지식 통한 예측 　　ex) 글 내용 관련 뉴스 본 경험 떠올리고 　　　　「어떤 내용이 이어질지」 예측
좋은 점	◎ '예측하며 읽기' 좋은 점 　- 글에 집중 　- 내용 더 깊이 이해 　- 적극적·능동적 읽기
〈스스로 점검〉 · 글 내용을 예측하며 읽는 방법 설명 가능? · 글 내용을 예측하며 능동적 글 읽기 가능?	

하니쌤의 국어 노트 예시 ①
이같이 스스로 점검해 볼 수 있는 코너도 추가해 보세요!

단원명	③ - (1) 언어의 본질과 국어 생활
학습 문제	언어 본질에 대한 이해를 바탕으로 국어 생활 하기

언어의 본질

◎ 언어의 본질

　　※ 자의적: 질서 따르지 않고 제멋대로

자의성
- 언어의 (자의성)
  - : 언어 의미(내용) - 말소리(형식) → 필연적 결합 X. (우연)
  - 예) 수박 → 중국) 시과, 영어) 워터멜론

사회성
- 언어의 (사회성)
  - : 언어 → 같은 언어 사용하는 사람들 사이 (약속)
  - 예) 우리나라에서 '수박'을 '시과' 라고 부르면 대화 어려움

역사성
- 언어의 (역사성)
  - : 시간 흐름에 따라 (변화)
  - 예) '수박' 옛날에 '슈박'

창조성
- 언어의 (창조성)
  - : 이미 알고 있는 언어 바탕 → 새로운 단어·문장 만듦
  - 예) '버블김밥' 같은 새로운 김밥 이름 만듦

※ 자의성·창조성 잘 구분!
┌ 자의성: 고마워, 생큐, 세계…
└ 창조성: '사람·집'으로 다양한 문장 만들기 가능

- 자의성 : 언어 의미·말소리 → 필연적 X
- 사회성 : 사람 사이 약속
- 역사성 : 변화
- 창조성 : 이미 알고 있는 단어 바탕 → 새로운 단어

Quiz? 언어는 같은 언어를 사용하는 사람들 사이의 약속이다. 따라서 어느 한 개인이 마음대로 바꿀 수 없다. 이러한 특성을 (　　　　　) 이라고 한다.

언어의 사회성

하니쌤의 국어 노트 예시 ②
기본 노트 정리 후에 추가 메모도 해보세요!

수학 노트

 수학 노트 정리 비법

학년이 올라갈수록 많은 학생이 수학을 어려워합니다. 초등학교 때는 수학 시간에 배울 게 그리 많지 않습니다. 공식도 많이 나오지 않죠. 하지만 중학교에 올라가면 배워야 할 양이 많아지고 헷갈리기까지 합니다. 공식도 그전보다 많이 등장하고요.

수학은 단순히 개념과 공식을 외웠다고 끝이 아니에요. 그걸 이용해 수학 문제를 풀 수 있어야 제대로 공부했다고 할 수 있습니다. 다시 말해 개념이나 공식을 제대로 이해하는 것이 먼저고, 이후 문제를 많이 풀어 봐야 해요.

수학 노트에 수학 개념을 정리할 때는 개념의 뜻부터 명확히 적어야 합니다. 예시나 도표를 추가하면 더 도움이 되겠죠? 또한 공식만 딱 적지 말고 그 공식이 나온 과정과 그 공식을 활용한 수학 문제도 함께 정리하면 좋아요.

 도전! 수학 노트 정리

수학 노트는 크게 개념, 공식, 계산 과정으로 나누어 정리할 수 있습니다. 세 가지 각각 노트에 정리하는 방법이 달라요. 여기서 하나씩 배우고 공부하는 내용과 상황에 따라 잘 조합해 보세요.

1) 수학 개념 정리 연습

수학은 다른 교과와 달리 이전에 배운 내용을 제대로 이해하지 못한 상태에서는 다음 단계를 공부하기 어렵습니다. 덧셈과 뺄셈을 잘 이해하지 못하면 곱셈과 나눗셈을 배우기 어렵듯이 말이죠. 그래서 개념을 제대로 이해하기 위한 노트 정리를 하는 게 중요합니다.

수학 개념은 노트에 다음과 같은 순서로 정리할 수 있어요.

---

1. 수업 시간에 배운 수학 개념에 무엇이 있는지 확인한다.
2. 노트 왼쪽에는 개념을 쓰고, 오른쪽에는 간단한 문장으로 설명을 붙인다.
3. 노트 필기를 읽어 보며 개념을 잘 파악하고 있는지 판단한다.
4. 필요에 따라 공식을 활용해 해결할 수 있는 수학 문제도 적는다.

또한 수업 시간에 배운 내용을 정리할 때는 연관된 다른 내용도 함께 적으면 좋습니다. 예를 들어 '방정식'을 잘 풀려면 덧셈과 뺄셈의 관계, 곱셈과 나눗셈의 관계를 명확히 이해해야 해요. 따라서 방정식을 정리할 때 이 두 가지도 함께 적어 두면 도움이 되겠죠?

방정식	◎ x에 대한 (방정식): x의 값에 따라 참이 되기도 하고 거짓이 되기도 하는 등식
미지수	- 문자 x → 그 방정식의 (미지수)
해 or 근	- 방정식을 참이 되게 하는 미지수의 값 → (해) 또는 (근)
	- 방정식 해를 구하는 것 → 방정식을 푼다
	(예) $2x + 1 = 3$ → 미지수
	⊕ $x=1$은 $2x+1=3$의 해(근) → why? $2×1+1=3$ ⇨ 참
항등식	◎ (항등식): 모든 x의 값에 대하여 항상 참이 되는 등식
	(예) $2x + 2 = 2(x + 1)$
	└ 항등식 확인할 때) 좌변·우변 정리 → 양변 같은 식인지 확인

방정식	◎ x에 대한 (방정식): x의 값에 따라 참이 되기도 하고
	거짓이 되기도 하는 등식
미지수	– 문자 x → 그 방정
해 or 근	– 방정식을 참이 되게 ㅎ
	– 방정식 해를 구하는
	(예) $2x+1$
	↳ 미
	⊕ $x=1$을
	↳
항등식	◎ (항등식): 모든 x의 값
	(예) $2x+2=2(x+1)$
	└ 항등식 확인할 때)좌변·우변 정리 → 양변 같은 식인지 확인

<예시 문제>

Q.다음 중 해가 1인 방정식에는
　 ○, 아닌 것에는 ✕ 표시하기

(1) $x-3=-1$ (　　　)

(2) $x-2=-x$ (　　　)

(3) $x+1=2$ (　　　)

※ x에 1을 대입 → 등식 성립 확인
　　　　　　　　　 (✕, ○, ○)

개념 정리 예시 ①

개념마다 예를 들어 두면 공부에 더욱 도움이 돼요!

또한 수학 문제를 풀다가 개념 이해에 도움이 되는 문제를 발견하면 포스트잇에 적어 노트에 붙여 보세요.

앞 페이지에 나온 예시 노트와 위에 있는 예시 노트에 어떤 차이가 있을까요? 바로 포스트 잇입니다. 두 번째 예시 노트에는 예시 문제를 포스트잇으로 추가해 붙여 놓았어요. 수학 노트에 방정식의 기본 개념을 정리하고 나서 수학 문제를 풀다가 노트에 추가해 놓으면 좋을 내용을 발견해 정리한 것이죠. 이렇게 하면 핵심 내용과 관련된 여러 개의 문제를 노트에 함께 필기할 수 있고, 나중에 복습할 때 핵심 내용을 더욱 효율적으로 파악할 수 있습니다. 이 방법도 따라 해보세요.

공부한 내용	〈 정비례와 반비례 〉

정비례	◎ 정비례
	   - 변화하는 두 양 x, y에서
	     x의 값이 2배, 3배, 4배, … 가 됨에 따라
	     y의 값도 2배, 3배, 4배, …

반비례	◎ 반비례
	   - 변화하는 두 양 x, y에서
	     x의 값이 2배, 3배, 4배, … 가 됨에 따라
	     y의 값은 $\frac{1}{2}$배, $\frac{1}{3}$배, $\frac{1}{4}$배, …
	
	  ＊ 주의 ＊ 정비례·반비례 판단 시
	     → 커지고 작아지는 것으로 판단 ✕
	     → 각각의 양이 어떤 비율로 변화하는지를 봐야함
	    (예) $y = -5x$
	      x의 값↑ → y의 값↓
	      But y의 값이 작아진다고 반비례✕
	    ⇨ x가 1에서 2, 3, 4, … 로 2배, 3배, 4배, …
	      y도 −5에서 −10, −15, −20, … 으로 −5의
	      2배, 3배, 4배, …
	      ∴ $y = -5x$는 정비례

개념 정리 예시 ②

    여기서는 '정비례와 반비례'의 개념을 설명하고 나서 주의할 점을 구분해 정리했어요. 그리고 그에 대한 예시도 다른 색깔로 적어 두었습니다. 화살표와 기호를 사용해 간단명료하게 정리한 게 포인트이지요. 공부할 때 헷갈리거나 틀리기 쉬운 내용을 노트에 함께 필기해 보세요.

내각	◎ 내각 : 다각형의 이웃하는 두 변으로 이루어진 각 중에서 안쪽에 있는 각 (다각형의 내각)
외각	◎ 외각 : 다각형의 각 꼭짓점에 이웃하는 두 변 중에서 한 변과 다른 한 변의 연장선이 이루는 각 (그 내각에 대한 외각) ⊕ (내각) + (그 내각에 대한 외각) = 180° 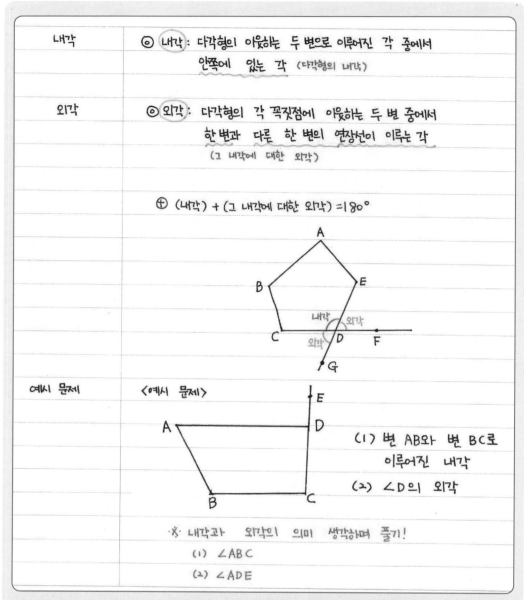
예시 문제	⟨예시 문제⟩ (1) 변 AB와 변 BC로 이루어진 내각 (2) ∠D의 외각 ※ 내각과 외각의 의미 생각하며 풀기! (1) ∠ABC (2) ∠ADE

개념 정리 예시 ③
그림을 추가하면 이해하기 더욱 쉬워요!

2) 수학 공식 정리 연습

이어서 수학 공식을 정리하는 방법을 알아볼까요? 중학교에 올라가면 수학 공식이 많이 나와요. 수학 문제를 풀려면 공식을 꼭 외워야 하니 노트에 정리해 두면 큰 도움이 될 거예요. 다음과 같은 방식으로 공식을 정리하면 이해하기 쉽고 머릿속에 오래 남을 겁니다.

1. 수업 시간에 배운 수학 공식이 무엇인지 확인한다.
2. 수학 공식을 요약해 노트에 정리한다.
3. 필요에 따라 공식이 나온 과정을 풀어서 적는다.
4. 필요에 따라 공식을 활용해 해결할 수 있는 수학 문제도 적는다.

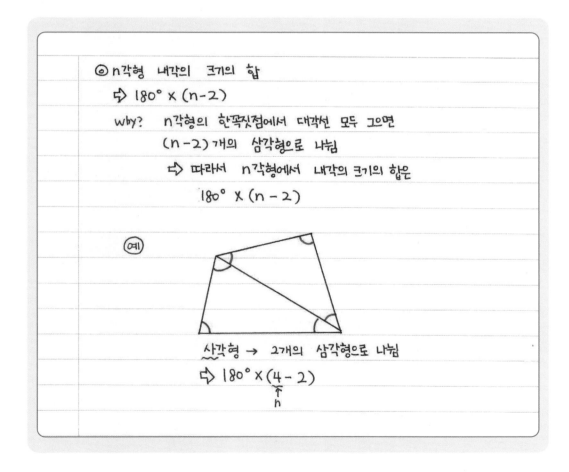

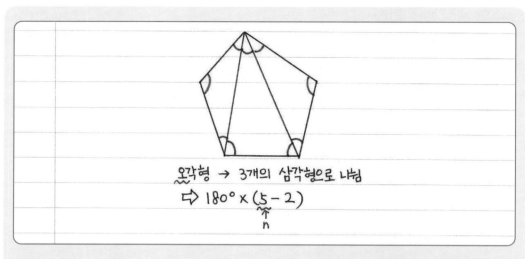

오각형 → 3개의 삼각형으로 나뉨

⇨ 180° × (5 − 2)
             ↑
             n

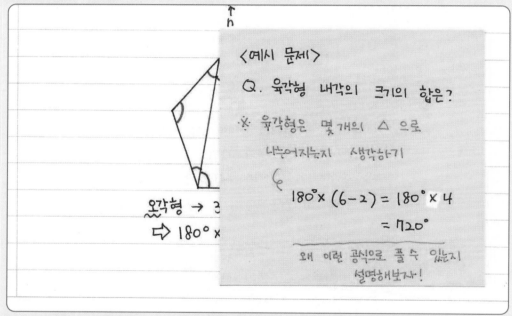

오각형 → 3

⇨ 180° ×

〈예시 문제〉

Q. 육각형 내각의 크기의 합은?

※ 육각형은 몇 개의 △ 으로
    나누어지는지 생각하기

180° × (6 − 2) = 180° × 4
                          = 720°

왜 이런 공식으로 풀 수 있는지
설명해보자!

수학 공식 정리 예시 ①

n각형 내각의 크기의 합을 구하는 공식이 어떻게 나왔는지 그림과 함께 정리하고
이해에 도움이 되는 예시 문제를 포스트잇에 적어서 노트에 붙였어요.

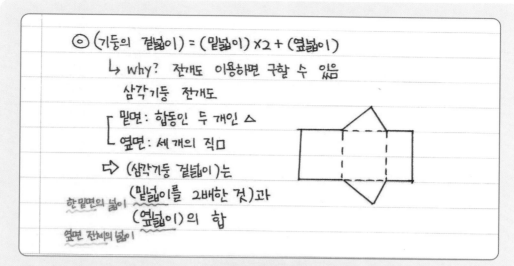

수학 공식 정리 예시 ②
기둥의 겉넓이를 구하는 공식이 어떻게 나왔는지 그림과 함께 정리하고, 관련된 중요 개념도 덧붙였어요.
여기에 이 공식을 활용해 풀 수 있는 수학 문제도 적어 두면 좋겠죠?

3) 풀이 과정도 노트에 써보자!

앞서 간단히 말했지만 수학 문제를 풀 때 노트에 풀이 과정을 써보면 여러 장점이 있어요. 먼저 문제를 어떻게 풀어 나갔는지 눈으로 확인하다 보면 수학적 문제 해결 능력을 저절로 키우게 돼요. 또한 나중에 그 문제를 다시 풀거나 비슷한 문제를 풀어야 할 때도 좋습니다.

수학 노트에 문제 풀이를 적어 두는 습관은 특히 수학 문제를 틀렸을 때 도움이 돼요. 누구나 수학 문제를 풀다가 실수할 수 있어요. 노트에 풀이 과정을 쓰면 잘못 계산했을 때 어디서부터 틀렸는지 쉽게 파악할 수 있습니다. 이를 통해 실수를 줄일 수 있죠.

수학 문제 풀이를 교과서나 문제집이 아닌 노트에 적어야 하는지 의문이 들 수도 있어요. 교과서나 문제집에 풀이를 적으면 노트를 따로 챙길 필요가 없어서 편리할 텐데 말이죠. 하지만 문제집이나 교과서에는 문제 풀이를 적을 수 있는 공간이 부족해요. 그래서 충분히 적기 어렵죠. 게다가 여러 문제를 풀다 보면 풀이가 뒤섞여서 나중에 알아보기 어려울 수 있어요.

무조건 노트에 풀이 과정을 쓰라는 말이 아니에요. 때에 따라 교과서나 문제집에 풀이 과정을 적어도 좋아요. 다만 헷갈렸거나 실수했거나 어려워서 복습할 때 더 연습해 봐야 하는 문제는 노트에 정리해 보세요.

(1) $2x - 5 = 3$

$2x = 8$

$\boxed{x = 4}$

(2) $8x + 3 = 5x + 18$

$8x - 5x = 18 - 3$

$3x = 15$

$\boxed{x = 5}$

(3) $2(x-1) = 8 - 3x$

$2x - 2 = 8 - 3x$

$2x + 3x = 8 + 2$

$5x = 10$

$\boxed{x = 2}$

수학 문제 풀이 과정 정리 예시 ①
계산 과정이 잘 드러나고, 답이 눈에 잘 띄도록 정리해야 해요.
(노트를 절반 접어서 왼쪽과 오른쪽을 각각 활용해도 좋아요!)

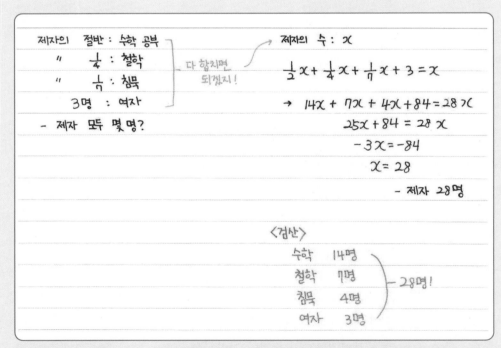

제자의 절반 : 수학 공부

" $\frac{1}{4}$: 철학

" $\frac{1}{7}$: 침묵

3명 : 여자

다 합치면 되겠지!

- 제자 모두 몇 명?

제자의 수 : x

$\frac{1}{2}x + \frac{1}{4}x + \frac{1}{7}x + 3 = x$

→ $14x + 7x + 4x + 84 = 28x$

$25x + 84 = 28x$

$-3x = -84$

$x = 28$

- 제자 28명

〈검산〉

수학   14명
철학   7명
침묵   4명   — 28명!
여자   3명

수학 문제 풀이 과정 정리 예시 ②
계산 과정이 잘 드러나고, 답이 눈에 잘 띄도록 정리해야 해요.

③ 하니쌤의 수학 노트

제가 직접 필기한 수학 노트를 보며 앞서 배운 내용들을 어떻게 활용할 수 있을지 아이디어를 얻어 보세요!

단원명	Ⅰ-2. 정수와 유리수
학습 문제	정수와 유리수는 무엇일까?
양의 정수 음의 정수 정수	┌ 자연수에 양의 부호 + 붙인 수 : 양의 정수 예 +1, +2, +3 … └ 〃 음의 부호 − 〃 : 음의 정수 예 −1, −2, −3 … * 정수 : 양의 정수, 0, 음의 정수 　　　　→ + 생략하기도
양의 유리수 음의 유리수 유리수	┌ 분자·분모가 자연수인 분수에 양의 부호 + 붙인수 : 양의 유리수 예 $+\frac{1}{2}$ └ 〃 음의 부호 − 〃 : 음의 유리수 예 $-\frac{7}{4}$ * 유리수 : 양의 유리수, 0, 음의 유리수 　　　　→ + 생략하기도
정수·유리수	◎ 정수는 모두 유리수 　 why? $+3=+\frac{3}{1}$, $-2=-\frac{2}{1}$ … 같이 나타낼 수 있음
유리수 분류	✿ 유리수 유리수 ┤ 정수 ┤ 양의 정수(자연수) +1, +2, … 　　　　　　　　0 　　　　　　　음의 정수 −1, −2, … 　　　　정수가 아닌 유리수 $-\frac{1}{2}$, $+\frac{2}{3}$, +0.5, −4.2, …
	✿ 정수·유리수 개념 이해 중요! 　 설명해 보자! (정수란? 유리수란?)
자기평가	Q. ( ), ( ), ( )를 통틀어 　 정수라고 한다. 　　　　　　　　A. 양의 정수, 0, 음의 정수

하니쌤의 수학 노트 예시 ①
색깔 펜을 적절히 사용해서 눈에 띄게 정리해 보세요.

단원명	IV-1. 기본 도형.
학습 문제	맞꼭지각은 무엇일까?

교각 맞꼭지각	두 직선이 한 점에서 만날 때 생기는 네 각 $\angle a$, $\angle b$, $\angle c$, $\angle d$ ⇨ 두 직선의 (교각) 이 교각 중 서로 마주보는 각 ⇨ (맞꼭지각)
맞꼭지각 성질	✳ 맞꼭지각 성질 ⇨ 맞꼭지각의 크기는 서로 같다.
예시 문제	(예시문제) $\angle a$, $\angle b$ 크기 구하기 맞꼭지각 크기 서로 같음 $\angle a = 50°$ $\angle b = 180° - 50° = 130°$

하니쌤의 수학 노트 예시 ②
그림과 함께 개념을 설명하고, 아래에 예시 문제도 추가했어요.

사회 노트

 사회 노트 정리 비법

사회 시간에는 역사, 지리, 경제, 정치 등 다양한 분야를 배워요. 쉬운 내용도 있지만 다소 복잡한 내용도 많아서 사회 공부를 어려워하는 학생이 많죠. 사회 공부는 무작정 암기하는 것보다 내용을 이해해 가며 외우는 게 좋아요. 따라서 사회 노트도 각 개념을 이해하고 넘어가는 목적으로 정리하는 편이 좋습니다.

때로는 사회 교과서를 읽는 것만으로는 머릿속에 내용이 잘 들어오지 않을 수 있어요. 이럴 때는 해당 부분을 교과서에 표시해 두고 나중에 노트 정리를 하면서 알아 가보세요. 우선 교과서에 표시해 놓았으니 그 부분을 집중해서 살펴보게 되고, 노트 정리를 하다 보면 자연스레 복습하게 되니까요. 이러한 과정을 반복하다 보면 더욱 잘 이해할 수 있을 거예요.

사회 공부를 할 때는 읽고 생각하는 과정도 중요해요. 어떤 질문이나 생각이 떠올랐다면 노트에 적어 보세요. 예를 들어 '이 사건이 오늘날 우리 사회에 어떤 영향을 미쳤을까?'와 같은 질문을 적는 거죠. 공부 후에 이에 답을 찾다 보면 더욱 확장된 공부를 할 수 있어요.

마지막으로 사회 교과서에 복잡한 내용이 나온다면 자주 복습하는 게 좋아요. 사회 노트를 자주 펼쳐 보는 것도 좋지만 교과서나 노트를 펼치지 않고 머릿속으로 떠올려 보는 것도 좋은 방법입니다. 그러면 내가 잘 이해했는지 확실히 알 수 있죠. 또 노트 정리를 끝내기 전에 마지막에 한 번 더 요약하거나 퀴즈를 만들어 보세요. 복습에 큰 도움이 될 겁니다.

도전! 사회 노트 정리

1) 사회 개념 정리 연습

사회 개념은 뜻도 알아야 하지만 특히 이름을 확실히 기억해 두어야 해요. 시험에 개념의 이름을 정확히 알고 있는지 묻는 문제가 많이 나오니까요. 예를 들어 '민주주의'라는 개념을 이해해도 머릿속에 민주주의라는 글자가 딱 떠오르지 않는다면 문제를 맞힐 수 없겠죠? 따라서 각 개념을 정리한 다음에 이름이 눈에 잘 들어오도록 강조 표시를 하면 좋습니다.

사회적 지위	◎ (사회적 지위) 　- 한 개인이 자신이 속한 사회나 집단 내에서 　　차지하는 위치 　　　⇨ 귀속 지위, 성취 지위로 구별
사회적 역할	◎ (사회적 역할) 　　- 사회적 지위 → 이에 따라 기대되는 행동 양식 有 　　⇨ 이를 사회적 역할이라 함
역할 갈등	◎ (역할 갈등) 　　- 한 개인이 가지는 둘 이상의 지위 　　　→ 이에 대해 각각의 역할 요구됨 　　　→ 역할 간 충돌 발생 　　　→ '어떠한 역할 우선?' 갈등 겪게되는 것
	Q1. 사회적 지위에는 그 지위에 따라 기대되는 　행동 양식이 있다. 이것을 무엇이라고 할까?

사회 개념 정리 예시 ①
이처럼 개념 이름마다 동그라미를 쳐서 강조하고
맨 밑에 퀴즈를 더하면 나중에 제대로 이해했는지 확인할 수 있어요.

정치	⊙ (정치)
좁은 의미	- 좁은 의미
	: 정치권력 획득하고 행사하는 활동
	예 (국회에서 법률 만들거나 고치는 활동)
넓은 의미	- 넓은 의미
	: 사회 구성원 간의 대립·갈등 조정하여
	합의 이루게 하는 과정
	예 (가족회의· 학급 회의에서 의견 조율하여
	문제 해결하는 활동)도 정치 활동

사회 개념 정리 예시 ②
이같이 개념 설명마다 아래에 예를 들어도 좋아요.

또한 사회 노트는 구조화를 활용하여 정리하기에 좋아요. 이렇게 하면 내용이 눈에 잘 들어오니 학습 효과가 올라가죠. 다음 예시와 같이 정부 형태는 물론이고 역사적 사건의 원인과 결과, 경제 체제 요소 등을 구조화하여 정리할 수도 있습니다.

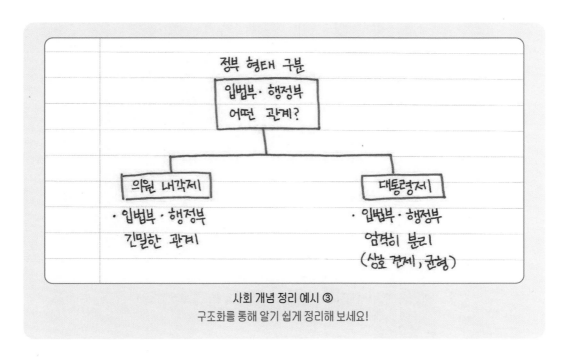

사회 개념 정리 예시 ③
구조화를 통해 알기 쉽게 정리해 보세요!

2) 사회 공부 독서 노트 정리 연습

수업 시간에 배운 내용을 공부하다 어려운 개념이 나오면 관련 책을 찾아 읽고 노트에 정리해 보세요. 저는 이렇게 정리한 노트를 '공부 독서 노트'라고 부릅니다. 다음 예시를 잘 보고 따라 해보세요.

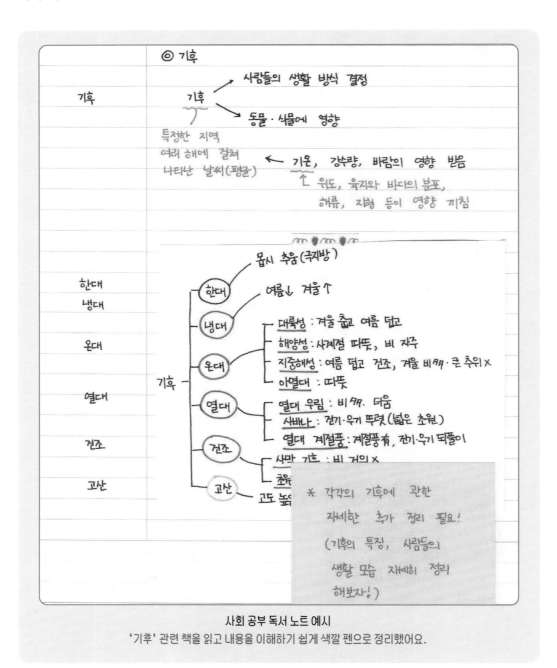

사회 공부 독서 노트 예시
'기후' 관련 책을 읽고 내용을 이해하기 쉽게 색깔 펜으로 정리했어요.

3 하니쌤의 사회 노트

제가 직접 필기한 사회 노트를 보며 앞서 배운 내용들을 어떻게 활용할 수 있을지 아이디어를 얻어 보세요!

단원명	Ⅱ-1. 세계 기후 지역
학습 문제	기후는 인간 거주에 어떤 영향을 미칠까?
인간 거주에 영향: 자연환경	자연환경 따라 < 인간이 살기 좋은 곳 / " 안 좋은 곳 - 인간의 <u>삶</u>의 모습 결정짓는 일차적 요인: (자연환경) - But! 최근 산업화·도시화 진행 → 자연환경이 인간 거주에 미치는 영향 ↓

인간 거주 유리
기후 조건
	◎ 인간 거주 유리한 기후 조건
	
	- <u>북반구 중위도</u> 지역
	  · 기후 온화 ┐ 물 쉽게 얻음, 농사 유리
	  · 비 충분 ┘
	- <u>열대 고산</u> 기후 나타나는 곳 → 도시 발달, 사람 多
	  적도 부근 해발고도 높은 곳 ┐아프리카 동부 고원 지대,
	  일 년 내내 봄과 같은 온화한 날씨 남아메리카 안데스산맥 고산 지대

인간 거주 불리
기후 조건
	◎ 인간 거주 불리한 기후 조건
	
	- 너무 덥거나 너무 추운 지역(적도 부근, 극지방) ┐ 농업 부적합, 인구 ↓
	- 건조·물 부족 지역(사막) ┘
	- 해발고도 지나치게 <u>높은</u> 지역
	  기온↓, 산소 부족, 평탄한 땅↓
	
	- But! 최근
	  · 사막·극지방: 에너지 자원 개발 → 사람↑
	  · 열대 기후 지역: 삼림 자원 개발, 관광 산업 발달 → 인구↑

< 정리! >	인간 거주 → 유리: 기후 온화, 충분한 비 　　　　　　　 불리: 너무 덥거나 추움, 건조·물 부족

하니쌤의 사회 노트 예시 ①
이같이 맨 밑에 한 번 더 간단히 요약해 보세요!

단원명	⑩ - 2. 선거의 의미와 공정한 선거를 위한 제도
학습 목표	공정한 선거를 위한 제도 및 기관에 관하여 이해할 수 있다.

선거 공영제

◎ 선거 공영제
- 국가 기관이 <u>선거 운동 관리</u>
- 국가·지방 자치 단체가 <u>선거 비용 일부 부담</u>
⇨ 선거 운동 과열 막음
    경제력과 관계없이 후보자들에게 선거 운동 기회 보장 ⟩⇨ 공정한 선거

선거구 법정주의

◎ <u>선거구 법정주의</u> ↝ 경계 따위를 명확히 구별하여 정함
- 선거구를 <u>미리 법률로 확정하는 것</u>
  (누군가 임의로 선거구 조정? ↝ 국민 의사와 상관없이 특정 정당·후보에게
                유리할 수도 ↝ 공정X)

선거 관리 위원회

◎ 선거 관리 위원회
- 선거·국민 투표 공정하게 <u>관리</u> ⟩ 위해 설치된 <u>국가 기관</u>
- <u>정당·정치 자금</u> 관한 <u>사무 처리</u>

공정한 선거 위한 제도·기관

※ 공정한 선거를 위한 제도·기관 (스스로 설명해보자!)
① 선거 공영제
② 선거구 법정주의
③ 선거 관리 위원회

Quiz! 1. 선거구를 마음대로 변경하지 못하도록 법률로 확정해 놓는 제도는?
      2. ( )는 선거와 국민 투표를 공정하게 관리하기 위해 설치된 국가 기관이다.
                                      선거 법정주의, 선거 관리 위원회

하니쌤의 사회 노트 예시 ②
이같이 맨 밑에 퀴즈 문제와 답을 적어 두어도 좋아요.

과학 노트

 과학 노트 정리 비법

과학도 사회와 마찬가지로 개념을 잘 이해하는 것이 매우 중요해요. 따라서 과학 노트에는 핵심 개념이 한눈에 들어오도록 정리하는 것이 좋습니다. 색깔 펜이나 형광펜으로 중요한 내용을 표시하면 나중에 찾아보기도 쉽죠.

과학 노트를 정리했다면 자주 들여다보며 복습하는 습관을 들이세요. 과학도 수학처럼 중학교에 올라가면 내용이 훨씬 복잡해지거든요. 어려운 용어가 많이 등장하고, 이전에 배운 내용을 확실히 짚고 넘어가야 할 때도 많습니다. 평소에 복습을 거의 하지 않다가 시험을 앞두고 과학 공부를 시작하면 공부할 양이 너무 많고 생각보다 내용이 어려워서 당황할 거예요. 그래서 평상시에 꾸준히 노트 정리를 하고 자주 복습하는 습관을 들여야 시험 준비에 대한 부담을 크게 줄일 수 있습니다.

또한 수업 중에 헷갈리거나 어려웠던 내용은 노트에 따로 표시해 두면 좋아요. 먼저 수업 시간에 배운 내용을 차분히 떠올리면서 교과서를 다시 읽어보세요. 배운 내용을 하나하나 되짚어 보면서 내가 그걸 정확히 이해했는지 파악하는 게 중요합니다. 그런 다음에 교과서에서 강조되어 있거나 특히 암기해야 할 내용들을 찾아 노트에 정리해 보세요. 사회 노트처럼 각 단원이 끝날 때마다 배운 내용을 요약하거나 퀴즈를 만들어 덧붙여도 좋습니다.

도전! 과학 노트 정리

1) 과학 개념 정리 연습

과학 개념을 다양한 방식으로 노트에 정리할 수 있습니다. 기본적인 방법은 왼쪽에 개념 이름을 적고 오른쪽에 그 뜻을 적은 다음, 그 아래에 예시를 추가하는 것이죠. 다시 말해 문장으로만 간단히 정리하는 방법이에요.

하지만 때로는 문장만으로 설명하기 어려운 복잡한 개념이나 원리, 과정이 있을 수 있어요. 이런 경우에는 그림이나 도표를 그려 넣어 정리해 보세요. 이렇게 하면 눈에 잘 띄어서 학습 효과가 훨씬 높아집니다. 만약 너무 복잡해서 그려 넣기 어려운 그림이라면 교과서나 참고서에 있는 그림을 복사해서 붙여도 좋아요.

광물	◎ 광물 : 암석을 구성하는 작은 알갱이 └ 화강암을 이루고 있는 광물 　: 흑운모, 석영, 장석 …
조암 광물	◎ 조암 광물 : 암석을 구성하는 주된 광물 예) 장석, 석영, 휘석 등
	〈암기 1〉 - 암석을 구성하는 작은 알갱이를 무엇이라고 할까? -　　　"　　주된 광물을　　　"
	〈암기 2〉 ◎ 광물 : ◎ 조암 광물 :

과학 개념 정리 예시 ①
개념 설명마다 아래에 예를 적고, 암기할 수 있게 퀴즈도 추가했어요.

기화	◎ 기화 : 물질이 액체 상태 → 기체 상태로 변화 예) 물이 수증기로 변함 　　　액체　　기체
액화	◎ 액화 : 물질이 기체 상태 → 액체 상태로 변화 예) 추운 겨울날, 실내에 들어가면 　　안경이 뿌옇게 　　　↳ why? (액화의 예)　(따뜻한 실내의 공기 속) 　　　　　　　(수증기) 　　　　　　　　　↓ 　　　　　　(차가운 안경 유리에 닿음) 따뜻한 실내 속 수증기가　　　↓ 차가운 안경 유리에　　　(물로 변화) 닿으면서 물로 변화
액화와 기화	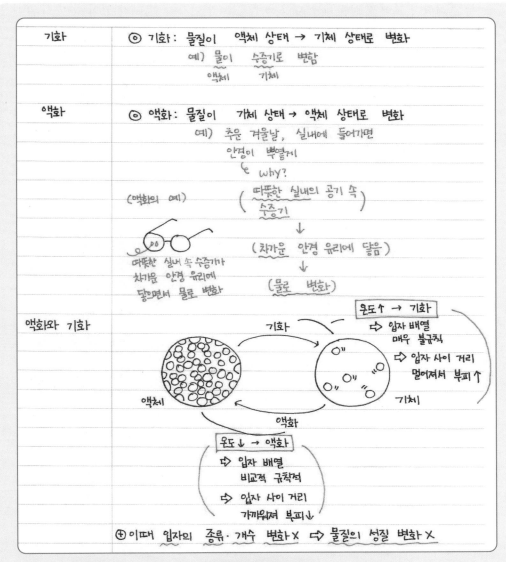 ⊕ 이때 입자의 종류·개수 변화 X ⇨ 물질의 성질 변화 X

과학 개념 정리 예시 ②
개념마다 예를 쓰고 복잡한 개념은 그림을 직접 그려 넣어서 정리했어요.
또한 화살표와 색깔 펜을 적절히 사용해 눈에 잘 띄게 구분했어요.

5장 교과별 노트 정리 비법　109

노트를 정리하다 보면 이전에 배운 내용을 꼭 짚고 넘어가야 할 때가 있어요. 다시 말해 앞서 배운 개념들을 확실하게 이해하고 있어야만 새로 배운 내용을 제대로 복습할 수 있죠. 따라서 노트 정리를 시작하기 전에 지금 다루고 있는 내용이 이전에 배운 내용과 연관성이 있는지 잘 생각해 보세요.

만약 앞서 배운 내용을 다시 한번 확인하고 넘어가야 한다면 포스트잇을 활용해 노트에 함께 메모해 두면 됩니다. 이렇게 하면 여러 단원의 내용을 서로 연결해 깊이 이해할 수 있고, 나중에 전체적으로 복습할 때도 매우 편리해요.

샤를 법칙	◎ 샤를 법칙 : 일정한 압력에서 일정량의 기체의 부피는 온도가 높아지면 일정한 비율로 커진다.	〈 보일 법칙 〉 일정한 온도에서 일정량의 기체의 압력과 부피는 서로 반비례한다.

과학 개념 정리 예시 ③
이전에 배운 내용 중에 지금 노트 정리에 필요한 것을 포스트잇으로 덧붙였어요!

2) 과학 공부 독서 노트 정리 연습

사회와 마찬가지로 과학도 공부 독서 노트를 만들 수 있어요. 여기서도 제가 정리한 예시 노트를 보면서 나만의 과학 공부 독서 노트에 도전해 보세요.

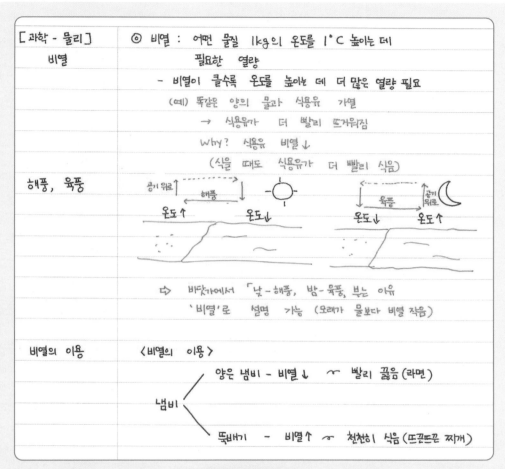

과학 공부 독서 노트 예시
'비열'에 관한 책을 읽고 그림과 색깔 펜을 사용해 한눈에 들어오게 정리했어요!

3 하니쌤의 과학 노트

제가 직접 필기한 과학 노트를 보며 앞서 배운 내용들을 어떻게 활용할 수 있을지 아이디어를 얻어 보세요!

단원명	I-1. 지구계와 지권의 구조
학습 주제	지구계를 구성하는 요소
	◎ 지구계
계 지구계	- 계: 여러 요소가 모여 하나의 커다란 전체를 이룬 것 - 지구와 우주 공간도 하나의 계를 이루고 있음 → 지구계
지권 외권 생물권 수권 기권	지구계 { 지권: 토양·암석으로 이루어진 지구 표면과 지구 내부 외권: 기권 바깥의 우주 공간 생물권: 사람을 비롯한 지구에 사는 모든 생명체 수권: 해수, 빙하, 지하수 등과 같이 물이 존재하는 영역 기권: 지구 표면을 둘러싸고 있는 공기의 층
	* 지구계 구성 요소 - 지권, 외권, 생물권, 수권, 기권 (내가 이해한 말로 설명해 보자!)
Quiz!	Q1. 여러 요소가 모여 하나의 커다란 전체를 이룬 것을 ( )라고 한다. Q2. 지구계의 구성 요소 중 토양과 암석으로 이루어진 지구의 표면과 지구의 내부를 무엇이라고 할까?
	A1. 계, A2. 지권

하니쌤의 과학 노트 예시 ①

한 번 더 짚고 넘어갈 수 있게 '내가 이해한 말로 설명해 보자!'라고 색깔 펜으로 구분해 놓았어요.

단원명	Ⅲ-1. 생물 다양성과 분류
학습 주제	환경에 따라 다양한 생물

환경에 따라 다양한 생물의 모습	◎ 환경에 따라 다양한 생물의 모습 - 온도에 따른 여우의 생김새 · 북극 여우 : 귀 작음, 몸집 큼 → 열 손실↓ · 사막 여우 : 귀 큼, 몸집 마른 편 → 열 방출 쉬움 - 물살의 세기에 따른 소라 껍데기 모양 · 물살 센 곳에 사는 소라 : 껍데기에 뿔 발달 　　　　　　　　　　　↳ 물에 쉽게 떠내려가지✗ · 물살 약한 곳에 사는 소라 : 껍데기에 뿔✗ ⇨ 생물은 사는 환경에 따라 생김새 다양
변이	◎ 변이 - 생물은 생활하는 환경(바람 세기, 물살 세기 등) 따라 　다른 특징 가짐 - 변이 : 같은 종의 생물 사이에서 나타나는 　　　<u>서로 다른 특징</u> - 부모로부터 물려받은 유전자가 달라서 변이가 나타날 수도 ⇨ 변이) <u>환경 차이</u>, <u>유전적인 영향</u>에 의해 나타날 수 있음
Quiz!	Q1. 같은 종의 생물 사이에서 나타나는 서로 다른 특징을 　(㉠)라고 한다. Q2. (㉠)는 환경의 차이나 (㉡)에 의해 　나타날 수 있다. 　　　　　　　　　　　㉠ 변이 , ㉡ 유전적인 영향

하니쌤의 과학 노트 예시 ②

이같이 화살표나 X를 써서 간략한 문장으로 정리하면 좋아요.

자기주도학습은 학생이 스스로 공부 계획을 세우고 그에 따라 학습하는 것을 말해요. 다시
말해 선생님이나 부모님이 시키는 대로 공부하는 게 아니라, 학생이 주도적으로 공부 방향
을 정하고 실행하는 학습 방식이죠. 노트 정리는 이러한 자기주도학습에 잘 활용할 수 있는
핵심 전략 중 하나예요. 그러면 앞에서 살펴본 노트 정리 방법들을 자기주도학습에 어떻게
적용하는지 하나씩 설명할게요.

6장

자기주도학습과
노트 정리가 만나면

목표와 계획 세우기

효과적인 자기주도학습을 위한 노트 정리에 앞서 학습 목표와 계획을 세워야 해요. 목표와 계획은 크게 '일상 공부'와 '시험 대비'로 구분해서 세울 수 있어요. 이 두 가지는 어떻게 다를까요?

일상 공부 목표와 계획은 매일 또는 매주 꾸준히 해야 하는 학습 전략이에요. 예를 들어 매일 수학 문제집 2쪽 풀기, 매일 영어 단어 10개 외우기, 매주 과학 시간에 공부한 내용 정리하기 등과 같은 목표를 세우고 실천하는 것을 말해요.

이러한 목표와 계획으로 공부 습관을 기를 수 있어요. 습관은 어떤 일을 꾸준히 하면 길러지거든요. 매일 정해진 양을 꾸준히 공부하다 보면 습관이 되는 거죠. 또한 시험 기간에 갑자기 많은 양을 공부해야 하는 부담을 줄여 줘요. 평소에 공부를 꾸준히 하지 않는다면 시험을 앞두고 공부할 게 많아서 힘들 수 있겠죠?

시험 대비 목표와 계획은 특정 시험을 준비하는 학습 전략이에요. 예를 들어 시험 전까지 핵심 키워드 2번 이상 반복해서 공부하기, 오답 노트 정리 후 틀린 문제 복습하기, 문제 풀이 5회 이상 하기를 목표로 정해 계획을 세우는 겁니다. 시험 2주 전까지 교과서를 1회 읽고 핵심 키워드 정리하기, 시험 1주 전에는 문제 풀이에 집중하고 오답 노트 정리하기, 어렵고 중요한 개념 중심으로 정리하며 공부하기 등도 마찬가지예요.

목표와 계획을 세울 때는 스터디플래너를 활용해도 좋아요. 시중에 나온 다양한 스터디플래너 중에 자신의 공부 스타일에 맞는 걸 선택해 보세요. 매일 시간대별로 공부 분량을 정하는 쪽이라면 매일 적을 수 있는 칸이 넉넉하고 타임테이블(시간표)에 공부 시간을 표시할 수 있는 것을 선택하면 돼요. 반면에 일주일 단위로 공부 계획을 세우는 게 편하다면 일주일 단위로 일일 공부 계획을 명확히 정리할 수 있는 것으로 골라야 하고요. 공부는 내가 스스로 하는 것이니까 나의 공부 스타일을 파악하는 게 중요해요.

노트를 스터디플래너처럼 활용하여 효과적으로 정리할 수도 있어요. 일종의 '배움 노트'라고 할 수 있죠. 예를 들어 노트를 반으로 접은 뒤 상단에 공부할 날짜와 학습 목표를 적고, 왼쪽에는 과목별로 세부 계획을 적습니다. 그리고 공부를 마친 후에는 과제 이름 옆에 완료했는지 표시하고, 중요하거나 나중에 복습해야 할 내용을 오른쪽에 키워드 중심으로 간략하게 적는 거죠. 이렇게 배움 노트를 만들면 나만의 학습 스타일을 만들어 갈 수 있답니다.

스터디플래너처럼 활용한 노트 예시
스터디플래너처럼 노트에 과목별 공부 계획을 적고, 공부를 마칠 때마다
중요하거나 어려웠던 내용을 다른 색으로 간단히 정리했어요.

목표와 계획을 세우면 공부의 방향이 명확해지고 시간을 알차게 활용할 수 있어요. 이를 바탕으로 복습에 도움이 되는 노트 정리를 할 수 있죠. 매일 계획한 것들 중에서 무엇을 실천했는지 꼼꼼히 확인하면서 성취감을 느끼고, 아직 부족한 부분을 찾아 보완해 가는 과정에서 공부 실력이 조금씩 향상될 거예요.

학습 실천하기

공부 계획을 세웠다면 이제 열심히 실천해야겠죠? 효과적인 공부를 위해서는 앞서 배운 노트 필기 방법을 적극적으로 활용해야 하는데요. 여기서는 공부할 때 주로 만드는 노트의 종류와 특징을 짚어 보겠습니다. 공부할 때 나에게 어떤 노트가 맞는지 파악하고 제대로 활용해야 더욱 효과적인 자기주도학습을 할 수 있어요.

① 복습 노트

복습 노트는 수업 시간에 배운 내용을 다시 이해하기 위해 체계적으로 정리하는 노트예요. 교과서, 학습지, 참고서 등 다양한 학습 자료를 꼼꼼히 읽으면서 핵심 내용과 중요한 부분에 표시하고, 이를 바탕으로 노트에 알아보기 쉽게 정리해 보세요. 수업 시간에 다양한 개념을 배웠다면 맵으로 구조화해서 정리해도 좋습니다. 다만 내용을 충분히 이해하지 못한 상태에서 맵으로 정리하려고 하면 오히려 복잡해져서 혼란스러울 수 있어요. 따라서 교과서에 나온 개념들을 차근차근 필기하며 확실히 파악한 후에 그들 사이의 관계에 따라 하나의 구조로 연결해 보세요. 이렇게 정리하면 방대한 학습 내용도 한눈에 파악할 수 있답니다.

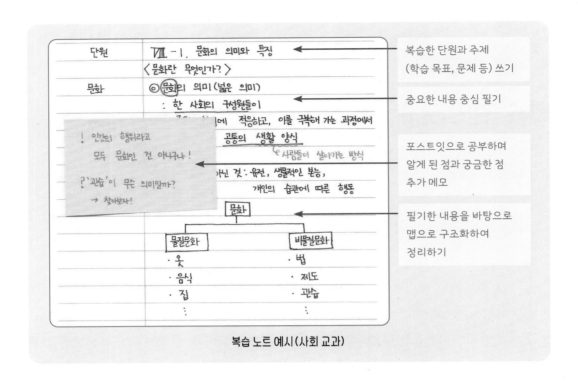

복습 노트 예시(사회 교과)

② 개념 노트

　개념 노트는 공부하면서 특히 암기해야 할 중요한 개념이나 용어를 따로 정리하는 노트예요. 복습 노트가 수업 시간에 배운 내용을 다시 한번 정리하며 전체적으로 이해해 보는 쪽이라면, 개념 노트는 중요한 개념이나 용어를 더 깊이 있게 정리하는 데 집중해요.

　개념 노트를 쓸 때는 여러 가지 방식을 활용할 수 있어요. 한 페이지에 하나의 핵심 키워드를 집중해서 정리할 수도 있고, 관련된 핵심 키워드끼리 묶어서 정리할 수도 있죠. 각 개념의 정의, 특징, 예시를 간결하게 적으며 핵심 키워드를 정리해 보세요. 특히 표, 그림 등을 적절히 활용하면 복잡하고 어려운 개념도 훨씬 쉽게 이해할 수 있답니다.

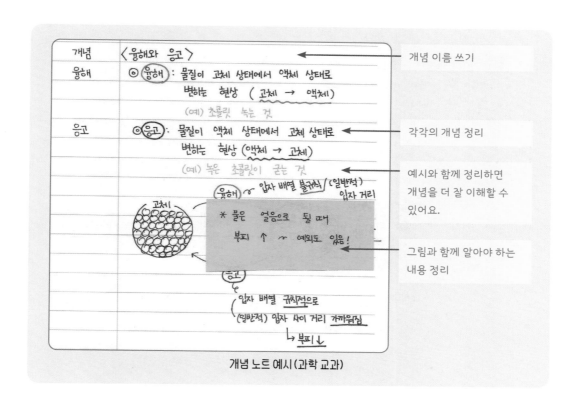

개념 노트 예시(과학 교과)

③ 오답 노트

노트 정리를 하며 공부한 다음에는 책이나 노트를 덮고 관련 문제를 풀어 보면서 공부한 내용을 제대로 이해했는지 확인해 봐야 합니다. 아무리 꼼꼼하게 노트 정리를 했더라도 실제로는 완벽하게 이해하지 못했을 수 있거든요. 그럴 때는 다시 복습하거나 오답 노트를 만들며 부족한 부분을 채우고 공부를 더욱 탄탄하게 다져가야 해요.

오답 노트를 만들 때는 왜 그 문제를 틀렸는지 꼼꼼하게 분석하고 다시 풀어 보면서 관련 개념이나 원리를 이해하는 시간을 가져야 해요. 특히 수학 오답 노트에는 틀린 수학 문제를 풀기 위해 알아야 할 공식과 응용 방법을 함께 정리하면서 실수한 부분을 보완하는 것이 중요해요.

동생 출발 1분 후 형이 감   〈풀이〉
- 동생 : 분속 60m   형이 출발한 뒤 x분 후 동생 만남
- 형 : 분속 120m   → ┌ 형이 걸은 거리 : $120x$ m
몇 분 후에 동생 만날까?   └ 동생 〃 : $60(x+10)$ m

                      $\therefore 120x = 60(x+10)$
                         $120x = 60x + 600$
〈틀린 이유〉   만났다는 건 $60x = 600$
식 세우기 어려움 T~T   같은 거리를 $x = 10$
└ '거리' 생각해야 하는데 x 간 것! → 형이 출발한 뒤 10분 뒤 동생 만남

〈핵심 내용〉 거리, 속력, 시간 관련 문제

$$(시간) = \frac{(거리)}{(속력)} \qquad (속력) = \frac{(거리)}{(시간)} \qquad (거리) = (속력) \times (시간)$$

➪ 이를 이용하여 방정식 세우기
      * 문제 상황 파악 火!
      [시간 차 두고 출발] (A가 이동한 거리) = (B가 이동한 거리)
                         (거리)로 생각하기!

오답 노트 예시 ①(수학 교과)
틀린 문제를 오답 노트에 정리하고 나서 아무 도움 없이 다시 한번 풀어 봐야 해요.
문제를 영 못 풀겠다면 다시 복습해야 하죠. 시험을 볼 때처럼 한다고 생각하면 돼요.

공부할 때 바로바로 암기해야 하는 내용은 아무래도 여러 번 살펴볼 수밖에 없어요. 따라서 오답 노트에 틀린 문제뿐 아니라 그와 연관된 중요한 내용도 함께 정리하면 좋습니다. 예를 들어 '부여'라는 나라의 특징을 묻는 역사 문제를 틀렸다면 부여의 특징뿐 아니라 한 시대로 묶인 다른 나라의 특징도 함께 적어 두는 것이죠. 이렇게 하면 중요한 내용을 반복해서 살펴보다 저절로 암기하게 될 거예요. 넓은 관점에서 핵심 키워드를 이해할 수도 있고요.

문제 간략하게 쓰기
(문제를 오려서 붙여도 돼요.)

선택지 분석하기

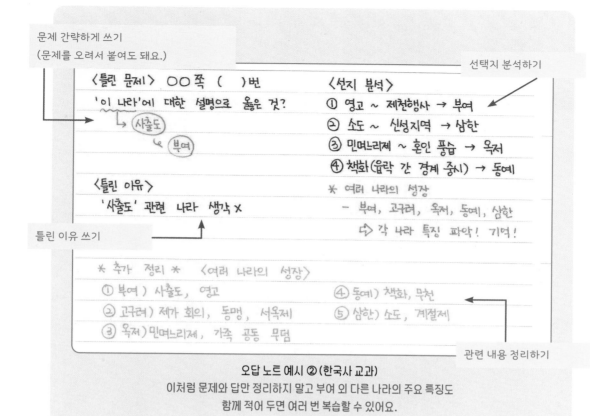

〈틀린 문제〉 ○○쪽 ( )번
'이 나라'에 대한 설명으로 옳은 것?
　↳ 사출도
　　↖ 부여

〈선지 분석〉
① 영고 ~ 제천행사 → 부여
② 소도 ~ 신성지역 → 삼한
③ 민며느리제 ~ 혼인 풍습 → 옥저
④ 책화(읍락 간 경계 중시) → 동예
※ 여러 나라의 성장
　- 부여, 고구려, 옥저, 동예, 삼한
　　⇨ 각 나라 특징 파악! 기억!

〈틀린 이유〉
'사출도' 관련 나라 생각 ✕

틀린 이유 쓰기

※ 추가 정리 ※ 〈여러 나라의 성장〉
① 부여) 사출도, 영고
② 고구려) 제가 회의, 동맹, 서옥제
③ 옥저) 민며느리제, 가족 공동 무덤
④ 동예) 책화, 무천
⑤ 삼한) 소도, 계절제

관련 내용 정리하기

오답 노트 예시 ② (한국사 교과)
이처럼 문제와 답만 정리하지 말고 부여 외 다른 나라의 주요 특징도
함께 적어 두면 여러 번 복습할 수 있어요.

학습 성찰하기

자기주도학습에서 학습을 성찰하는 단계는 배운 내용을 되돌아보고, 내가 잘 이해했는지 점검하는 매우 중요한 과정이에요. 이때도 노트를 활용하면 많은 도움이 된답니다. 여기서 사용할 수 있는 노트 활용법을 자세히 알려 줄게요.

① 백지 노트에 학습 내용 요약하기

학습을 마친 후에는 백지 노트에 공부한 내용을 요약해 보세요. 중요한 개념이나 내용을 어떻게 이해했는지 나만의 언어로 짧게 적는 거예요. 이렇게 하면 배운 내용을 머릿속에 차곡차곡 정리하고 혹시 놓친 부분이 없는지 확인할 수 있어요. 다시 말해 내가 정말 그 내용을 제대로 이해하고 있는지 점검해 볼 수 있죠.

예를 들어 오늘 '지도'에 관해 공부했다면 그 내용을 잘 파악했는지 백지 노트에 책이나 참고서의 도움 없이 스스로 요약해 보세요. 이 경우 노트의 세로선을 기준으로 왼쪽에는 질문을, 오른쪽에는 그 질문의 답변을 쓰는 방식으로 정리할 수 있어요. 이렇게 하면 나중에 복습할 때도 훨씬 편해요.

〈 오늘 공부한 개념 〉

대축척 지도란?	
소축척 지도란?	
일반도란?	
주제도란?	

오늘 공부한 내용을 확인하는 질문을
세로선 왼쪽에 작성하기

〈 오늘 공부한 개념 〉

대축척지도란?	좁은 지역을 상세하게 표현
소축척 지도란?	넓은 지역, 간략히 표현
일반도란?	지형, 호수나 바다의 범위, 국경, 도시·마을, 도로 등을 담은 지도 (지형, 토지, 교통, 마을 등 일반적인 자연환경과 인문 환경을 종합적으로 나타낸 지도 / 지형도, 나라 지도 등)
주제도란?	주제가 있는 지도? 　특정 내용을 표현하려고 만든 지도 　(인구분포도, 기후도 등)

오른쪽 빈 공간에 답변 쓰기
(아무 도움 없이 직접 떠올려서 적을 것)

백지 노트에 학습 내용 요약하기 예시

빈 곳에 답을 쓸 때 색깔 펜으로 구분해 보세요. 예를 들어 스스로 쓴 답은 검은색, 참고 자료를 활용한 답은
초록색으로 표시하면 자신이 알고 있는 것과 더 공부할 내용을 쉽게 파악할 수 있어요.
또한 백지 노트로 복습할 때는 오른쪽에 쓴 답을 가리고 왼쪽 질문만 보면서 답을 떠올려 보세요.

배움 노트에 성찰 더하기

자기주도학습에서는 공부 후에 잘한 점과 보완할 점을 평가하고 성찰하는 것도 중요해요. 이를 기록으로 남기면 학습 과정을 명확히 점검하고 다음 학습 계획을 세울 때 편리하죠.

이 경우 스터디플래너와 같은 배움 노트를 활용하면 좋아요. 공부를 시작할 때 계획 아래에 성찰한 내용을 덧붙이면 '계획 → 실행 → 성찰' 흐름을 한눈에 볼 수 있는 배움 노트가 완성돼요. 이를 바탕으로 다음 학습 계획도 세울 수 있어 공부를 더욱 체계적이고 효율적으로 관리할 수 있지요.

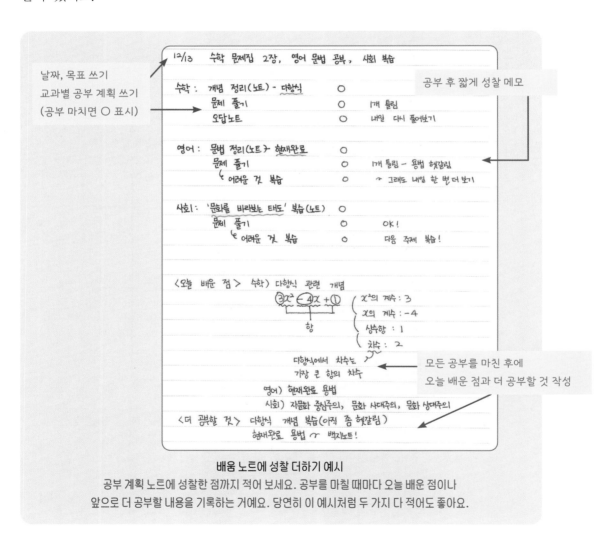

배움 노트에 성찰 더하기 예시
공부 계획 노트에 성찰한 점까지 적어 보세요. 공부를 마칠 때마다 오늘 배운 점이나
앞으로 더 공부할 내용을 기록하는 거예요. 당연히 이 예시처럼 두 가지 다 적어도 좋아요.

노트 정리도 공부의 일부다

노트 정리에 도전하려는 것만으로도 정말 훌륭하다고 생각해요. 하지만 막상 도전하려다가 '노트 정리를 꼭 해야 할까?' 하고 의심이 들고 귀찮아질 수도 있어요. 이럴 때는 바로 노트 정리를 시작하지 말고 마음부터 다잡아 보세요.

공부와 노트 정리는 따로 떨어져 있지 않아요. 노트 정리는 단순히 노트에 적는 게 아니라 공부 과정의 하나입니다. 배운 내용 중에 중요한 것들을 노트에 적어 보면서 복습하는 것이죠. 이를 통해 공부한 내용을 깊이 이해하고 쉽게 암기할 수 있어요. 따라서 공부와 노트 정리는 함께하는 것이라고 생각을 바꿔 보세요.

때로는 시작이 가장 어려울 수 있어요. 하지만 노트 정리는 생각보다 재밌을 거예요. 노트에 적다 보면 어려운 내용을 이해하고 몰랐던 사실을 종종 발견하게 되거든요. 그러면 수업 내용이 머릿속에 잘 들어와서 뿌듯해지고, 공부에도 더욱 흥미가 생길 겁니다.

하지만 처음부터 몇 페이지씩 노트 정리를 하려고 하면 오히려 부담스러울 거예요. 처음에는 '하루에 한 페이지씩'과 같이 계획을 작게 세워 보세요. 목표를 달성해 얻는 성취감이 훨씬 더 중요해요. 노트 정리가 익숙해지면 양을 조금씩 늘려 보세요. 내가 정리한 노트로 수업 시간에 더욱 집중하고, 또 시험에서 좋은 결과를 얻다 보면 노트 정리를 꾸준히 할 수 있는 힘이 생길 거예요.

노트 정리는 나를 위한 것이에요. 다시 말해 내가 공부하기에 좋은 노트를 만들어야 해요. 사람마다 공부하는 방식이 다른데 무작정 다른 사람의 노트를 따라 하면 힘들 거예요. 이 책에 나온 노트 정리 방법 중에 나에게 맞는 방법을 찾아서 노트 정리를 즐길 수 있기를 바랄게요.